大夏书系·学校领导力

忠告中层

给学校中层管理者的 47 封信

郑杰 —— 著

华东师范大学出版社
·上海·

图书在版编目（CIP）数据

忠告中层：给学校中层管理者的47封信/郑杰著.—上海：华东师范大学出版社，2012.9
ISBN 978-7-5617-9972-7

Ⅰ.①忠…　Ⅱ.①郑…　Ⅲ.①中小学—学校管理　Ⅳ.①G637

中国版本图书馆 CIP 数据核字（2012）第 236480 号

大夏书系·学校领导力

忠告中层
——给学校中层管理者的47封信

著　者	郑　杰
策划编辑	李永梅
审读编辑	朱　颖
封面设计	奇文云海
责任印制	殷艳红
出版发行	华东师范大学出版社
社　址	上海市中山北路3663号　邮编 200062
网　址	www.ecnupress.com.cn
电　话	021-60821666　行政传真 021-62572105
客服电话	021-62865537
邮购电话	021-62869887　地址　上海市中山北路3663号华东师范大学校内先锋路口
网　店	http://hdsdcbs.tmall.com/
印刷者	北京季蜂印刷有限公司
开　本	700×1000　16开
印　张	14.5
插　页	1
字　数	200千字
版　次	2013年1月第一版
印　次	2024年5月第三十次
印　数	114 101-115 100
书　号	ISBN 978-7-5617-9972-7/G·5933
定　价	49.80元
出版人	朱杰人

（如发现本版图书有印订质量问题，请寄回本社市场部调换或电话021-62865537联系）

目 录

序言：管理是一场伟大的实践　　　　　　　　　　　　1

1　光荣上任…做一天干部胜过读一年书　　　　　　　1

2　管理本质…你管理的是一群理性的人，因为理性，所以其行为与目的如果发生错位的话，就会自我矫正　　　　　　　　　　　　　　　　5

3　个人力量…成为一个在学校里一言九鼎的人，成为众望所归的人，这需要人格方面的修炼　　　　　　　　　　　　　　　　　　9

4　不要抱怨…恨和怨都没有意义，相互适应，合作与沟通，才能达成共识解决问题　　14

5　对上负责…你的顶头上司是你工作生涯里最重要的人物　　　　　　　　　　18

6　坦诚相见…与你的上司交往和相处，必须对双方都有利，完全不必为此牺牲些什么　　22

7　应对两难…要防止自己成为糟糕的中层干部，当务之急是要把握自己的角色定位，千万不要发生错位现象　　　　　　　　　27

8	拓展空间 …	你到底有多大的发挥空间，已经不完全取决于校长了，也不完全取决于你本人，而常常是由你的下属决定的	31
9	强力部门 …	强力部门只能有一个，当你们部门成为了强力部门，你的权力影响就会扩大，你的生存空间也就更大	35
10	内部分工 …	有比"团结"更准确的词来描述部门内部的关系，那就是"合作"	39
11	领导风格 …	管理风格不是可以模仿和学习的，而主要是由你个人性格决定的	43
12	能力本位 …	比管理风格更为重要的素质，是你胜任管理工作的能力	46
13	创新改革 …	管理方面的改革和创新，只有在一个不稳定、不确定的环境中实行，才有可能取得成功	50
14	享受演讲 …	好的演讲无论对听者还是对自己都是一种享受，你应该把上台演讲的那一刻看作是人生的重要时刻	53
15	科学管理 …	科学管理是把双刃剑，在我们用它进行管理的同时也要接受它的负面作用	57

| 16 | 质量管理 | ... | 全面质量管理是为改进质量而实施的一项管理方式 | 62 |

| 17 | 三全一多 | ... | 将全面质量管理引入学校，必须满足全过程、全员、全校、多方法的基本要求 | 67 |

| 18 | 基础工作 | ... | 全面质量管理的基础性工作十分重要，全员参与是全面质量管理的一项最重要原则 | 70 |

| 19 | 设定目标 | ... | 一个有目标的人相比一个没有目标的人的工作效率更高，身体更健康，人生也更充实 | 73 |

| 20 | 质量控制 | ... | 质量控制实际上就是要做好学校的时序、空序、程序和秩序这四个方面的控制 | 76 |

| 21 | 有效指导 | ... | 你得将指导看作一个机会，一个为了他人的发展而奉献自己知识和智慧的机会 | 80 |

| 22 | 运用权力 | ... | 权力对你开展工作是有益的，可是如果运用不当，权力反而是有害的 | 85 |

| 23 | 校内督导 | ... | 你们的目标不要订得太高，要保证让更多的人都能参与其中，让更多人参与是成功的关键 | 89 |

24 公正评价... 不是每个人都能评价他人的工作，评价者的资质很重要　　92

25 释放压力... 压力是完美主义的通病，但解决压力问题只能靠自己　　97

26 开个好会... 干部们得培养自己驾驭会场的能力，尤其要应对有些难对付的人　　101

27 在做中学... 管理实在是一项实践性很强的活动，非得在实际工作中锻炼成长　　106

28 教师犯错... 帮助一个人、拯救一个人，这才是质量监控的目的所在　　111

29 精力充沛... 面对困惑，你最好的解决之道不是去思索，而是去行动　　116

30 点燃火把... 你的使命应该是能让学校更多的教师因为你们的工作而迸发出智慧潜能　　123

31 好好说话... 不要怀疑人们改革的动机，关键是能不能说清楚为什么改革和采取什么样的改革方案　　129

32 善意待人... 人心都是肉长的，以情感交换情感，以心比心，这在一些学校可能是唯一还靠得住的东西　　134

33 积极错误 ... 积极的错误是为了寻找更有效的方法和策略的过程中的有目的的试错行为　　　141

34 现代学校 ... 先要引入现代管理，才可能实现现代教育的目标　　　145

35 职业倦怠 ... 生活本身才是获取幸福的唯一途径，同时也是体验幸福效能的唯一手段　　　151

36 走向前沿 ... 要取得创新成果，那还得走到你研究领域的前沿去　　　156

37 教育回归 ... 教育总之是要以可持续发展为要义，你说它是现代的，也许又是最古老的，所以都是在回归　　　159

38 增量评价 ... 不要取悦于任何人，信奉科学而不是某个人，哪怕这个人有多大的权势，也不应该影响到你　　　164

39 经验反思 ... 科研的目的是要拿出成果来，反思不是科研，而是一种行动　　　169

40 人际交往 ... 一个交往能力强的人，会对人和人之间的关系保持高度的兴趣，他们态度诚恳、为人正直，以主动和热情赢得他人的尊重和信赖　　　174

41 吃亏是福… "安贫乐道"、"知足常乐"。这八个字是一个自我保全的尺度，也是一个自我发展的考验　　　　　　　　　　　　　　　180

42 无为德育… 德育的目的不在于道德知识的获得，而在于引导人们去选择、建构有道德的生活方式　　　　　　　　　　　　　　　186

43 培养习惯… 干部的工作习惯是十分重要的，其重要程度甚至大于工作态度　　191

44 沟通为王… 有效的指导和帮助是建立在有效的沟通基础上的　　　　198

45 赢得人心… 你的人格权力不是以你的职位为基础，而是以你的为人、以他人如何看待你为基础　　　　　　　　　　　　　　　　202

46 激发能量… 管理者最该做的就是激励教师　　　　　　　　　　　209

47 去留问题… 在如今的教育生态里，最佳的生存姿态就是在认真与不认真之间　213

尾声：真实的小陶的两封来信　　　　　　　　　　　　　215

序言：管理是一场伟大的实践

郑杰

我有时会想，如果我从未从事过学校管理工作，也不去琢磨管理问题，那么我现在会在干什么？我的人生该如何度过？我发现这是一个无法回答的问题，或者说我永远不可能具备回答这个问题的动力和能力。

我的生命与学校管理工作紧紧地联结在一起，丰富而曲折的管理体验构成了我此生大部分的回忆，其中有些回忆美妙而极富魅力，有些则是痛楚的和令人厌倦的。我未来人生的全部幸福和欢乐、苦难与挫折也都将系于管理之上。虽然我的年龄还不至于到该给自己下定论的时候，但我愿意提前作一个判断：我的管理之旅就是我的人生之旅。

这种体验是从小学开始的。二年级的时候我如愿以偿地当上了少先队的小队长，在衣服袖子上别上鲜红的"一条杠"，自我感觉分外良好，老担心别人不知道我的职衔，手臂摆得格外的高。那时我以为当小干部就是管别的孩子的，所以上课时我会分出心来观察我所"管辖"的五六个队员们的表现，把违反纪律的人的名字记在本子上，放学前细细地向班主任汇报。如果自习课教师不在场，我会煞有介事地提醒本组同学不许讲话。当时我很讲原则，哪怕得罪了最好的朋友也不在乎，我不在乎，他们似乎也不在乎。

干部就是管人的，这个观念在我幼小的头脑中是根深蒂固的。这个观念随着我的职务被撤销，就变得越来越稳固了。因为我总是不能按时完成作业，而且还设法隐瞒自己的缺点和"问题"，这让我的老师十分恼火，我的不诚实显然增加了老师"破案"的难度。也许在她看来，方便她的工作是处理类似问题的第一原则。从此以后的整个小学阶段我都失去了管人的资格，我成了被管的对象。因为我总是违反纪律，所以班主任安排班级小干部每周到我家一次，向我父母汇报我一周的行为表现，于是我体验到了被人管的那种羞辱感。

我有一个寂寞的初中时代，那时班级很乱，整天吵吵嚷嚷的，没几个人听课，几乎学不到什么东西。我当不上班干部，那是因为初中的老师偏爱那些听话的学生，而我们这些捣蛋鬼只会抱成团与他作对。初中时最大的快乐就是捉弄老师，趁老师转过身去的时候把墨水泼在他的白衬衫上。当时我们以此而骄傲，而今却在为此后悔。可是再后悔也不至于羡慕那些当干部的同学，他们服从老师如同哈巴狗一样，至今依然为我不齿。那时候，我不再有当干部的冲动和愿望，在我的字典里，"干部"是个贬义词。

而后步入了高中生涯，我当上了学生会主席。与小学时代当班干部不同的是，学生会主席主要的工作是组织同学们搞活动，为此我非常忙碌，全为了在枯燥的学习生活之外还稍能有些别的方面的生活，而那些生活至今回想起来，依然是美好的。与初中时代当班干部不同的是，我的学生会主席职务不是靠听话得来的，而是正儿八经地参加竞选当上的，这让我知道当干部得靠自己的本事，而且要履行竞选时的承诺，竭尽全力为"选民"服务。

大学时，我连续四年以满票当选为班长，没有任何竞争对手。高中时代学生会主席的工作历练显然帮了我的大忙，让我在人才济济的学生群体中显得"德高望重"，即使是辅导员都要敬我三分。我已经不记得当时是如何来管住那帮中文系的"二流子"的了，只记得每次当选后发表"施政演说"时，都在强调"无为而治"，因为我大学那四年一头扎进了老庄哲学中，这让我成为中文系最受欢迎的班长，而且我们这个班在四年的大学生活里最平稳、最和睦，也最有出息。原来，管理就是"无为"。

大学毕业后，被分配到一所高中当老师，因为政教主任受不了差生的折磨，临阵逃脱，于是年轻气盛的我便抓住了机会，工作不满两年就成了中层干部。那时我当干部只有一个念头：多干活，让所有人，尤其是让那些老教师们明白，干部就是干出来的。于是，靠着埋头干活儿，工作满五年时我成了校级干部。

因为年轻，教育局领导让我去更"艰苦"的地方锻炼锻炼，在我而立之年又被派到一所师资力量薄弱的学校当校长。我为这所普通的学校着迷，那是三所学校合并起来的学校，地方小，人员多，因为不能忍受诸多困境而挣扎，于是开始搞改革，管理在当时就意味着领导一场又一场改革。大大小小的改革搞了十一项，有成功也有失败，但至少学校走出了困境，而代价就是，我成了一个争议人物，被称为"另类校长"。我写的书，销量也扶摇直上。

再后来，我经不起高年薪的诱惑去了一所民办学校，也因此才弄明白，在中国有比教育局领导更难对付的领导，那就是老板。而民办学校校长其实就是我小学二年级当小队长时的那种角色。在那里，我要做的就是如初中时的小干部般服从。

至此，我的校长生涯算是走到头了，可是我的人生还远远没到头呢！为谋生，也为了充实自己，我开始四处游走，将我的管理经验传递给校长们和主任们。我从不奢望可以给他们多少理论和高见，可我愿意呼喊着告诉他们：去行动，快去行动，管理不是一本教科书，管理是生命体验，无论你在行动中获得了什么，那些都不重要，重要的是，管理是一场值得全身心投入的伟大的实践！

在这种念头的支持下，我写了一本书——《给校长的建议》，而今我决定再给中层干部写一本书，给他们一些忠告。可是酝酿了差不多一年，心里有许多话要说，却总是找不到感觉。后来才慢慢地想清楚了，我的这本书不应该成为一本管理类的教科书，既然我强烈地主张管理就是实践，那么我得将我的文字与管理实践结合起来，我可不想让中层管理者读着我的书睡着了。

在尝试了几次之后，我决定用书信体来写。不知道自己是怎么产生这样的念头的，反正在我试图说些什么的时候，我希望有个人在倾听，哪怕这个人是虚拟的，依然会让我兴致勃勃。于是我假想了一个人做我书信的阅读者，而且为了让这个人能认真地读我的忠告，我把她设想成我的学生。

书中的小陶，被我虚拟成一个新任的干部，她有一大堆问题等着我去替她寻找答案，我有意让她涉世未深，因为如果是个老干部的话我就没什么可以教她的了，我的书也就写不成了。我还让她分别在不同的中层岗位任职，这样的话，读了之后对管理就会多了若干层面的理解。

为了描述小陶的成长过程，我有意忽略了那所假想中的学校校长的作用，有时候实在有必要让校长出场，也差不多都是那种不太能干的类型，不过，我倒是觉得至少这个不太能干的校长的水平不会低于中国一百万个校长的平均线。以可能会让本打算把这本书推荐给本校中层干部学习的校长打消了这个主意，但我并不在意书的销量，我在意的是我真正的读者，那些迷茫中的中层干部，他们是否能从我的书中获得真正想要的。我得让他们感受到，世界上有个琢磨学校管理，传播管理信息和知识的曾经的中层干部，他的心与他们贴在一起。

我得特别感谢两个人，一个是山东省济南市历城六中的教导主任陶丽华老师，她是我至今收的最后一个学生，虽然我们才见过一次面，但我把虚拟的叙述对象取名小陶显然与她有关。不过，我申明，书中的小陶肯定不是她。我之所以用了她的姓，是因为在我写这本书的开头部分的时候，好学的她发来了恭维的信（附在书后），于是我便把叙述对象定名为小陶，以感谢她给予我的积极回应。要知道，写书不比写文章，虽不敢说写书是呕心沥血的事，可确实也不容易，此时对我的全部鼓励，尤其是读者给我的鼓励，我一定毫不客气地照单全收。

我要感谢的另一个人是我的助手陈白羽，很少有人真正愿意做我的助手，因为我研究的是管理问题，而她是我唯一的下属，可想而知她的不自在。好在据她说她能从我这里学到东西,那我才能放宽心继续"折腾"她。是她替我校对所有的文字,如果本书出现文法错误,责任在她。而如果我的文字还能不至于像别的高深的远离实践的管理类书籍那么令人费解,则该归功于她。

世界上没有比我的父母更可爱的人了,虽然我的仕途到校长时便经不起我的折腾戛然而止,我没让他们享受过一天拥有特权的日子,可他们总是乐呵呵的,似乎我并不是只管着一个人的"干部"。天下父母唯一期盼的是子女平安,我会平安的,我写得越多,就会越平安。

华东范师大学出版社北京分社李永梅社长一直认为我会写出好东西来,她给我充足的时间,即使我交稿晚了,她也没让我缴纳违约金。没有华东师范大学出版社和大夏书系,就不会有我这么个作者,这让我每次写书时都希望所写的是本如他们愿的好书。我相信将来一定会有一本经得起时间洗礼的好书奉献给他们。

2011 年平安夜
写于武汉

光荣上任

小陶：

你好！

昨天晚上很高兴接到你的电话，虽然是在电话里，我仍听出了你的忧虑。

电话里，你说你们校长找你谈话，想提拔你当教导处主任助理，你很紧张。学校人际关系那么复杂，而你只想清清静静地教书，不想蹚这浑水。你从小就没当过干部，连小组长都没当过，对自己没有信心。

接电话的时候，我正在驰往武汉的列车上，手机信号很差，听不太清，也说不太清。我认为当不当中层干部，这是一个很重要的话题，是关乎你职业生涯的一次重大选择。所以我到了宾馆住下后，赶紧给你发邮件，在这个节骨眼上，作为你的老师和过来人，我想我应该为你的选择提供参考意见。

小陶，对此我有三个想法：

首先，我想恭喜你，你们学校领导能看中你、提拔你，这说明你干得不错，毕竟你走上工作岗位才五年！你说你们学校人际关系复杂，这说明你是靠实力赢得大家的认可，要知道关系越是错综复杂的学校，校长提拔中层干部的难度就越大，就得力排众议！显然你是一个不太有争议的人，我相信，无论在工作上还是在为人上,你都是被认可的,你这教师职业生涯的前五年是成功的,可喜可贺。

说实话,接到你的电话我很是意外,一来因为你当教师的那一年,我正好离开教育界,五年来几乎与你都失去了联系。这次你来电向我诉说自己的困惑,我有些惊讶,但还是颇感欣慰,可见我们的师生情谊没有被时间冲淡。二来我真没想到你会走上一条与我同样的道路——从教师往学校的管理者方向发展。在我的眼中,你是一个如此腼腆、如此文静的女孩儿,那时候让你站起来朗读课文都会紧张老半天呢!很难想象你当了教师,更想不到你会当干部!可是,你从未当过干部,不等于说你就不具备这方面的潜能,这虽然让我有些意外,可我并不怀疑你的能力。

其次,我想鼓动你,鼓动你不要拒绝这项难得的任命,这是多好的成长机会啊,多少人求之不得!小陶,成长才是一个人工作和生活的目的,在我看来没有比个人的成长更重要、更崇高的目的了!而一个人的成长是需要机会的,比如你五年前当上了教师,而且工作的第一年就当上了班主任,这就是你的机会;后来你在一个春节问候的短消息中告诉我你参加了上海市的语文教学大奖赛,并获了奖,那次参赛也是一次成长的机会呀!今天领导找你谈话,这何尝不是一次难得的成长的机会?人生中会遇到很多的困难,一些困难值得去面对,是因为这些困难孕育着成长的机会,你这次的困难就是如此。

当年我也如你一样,参加了青年教师的教学比武,也如你一样当上了干部,所以我才发展得比别的同龄人更快、更好。在个人成长方面我一直为自己感到骄傲,但现在回想起来,我当时并不是一个非常成功的中层干部,后来也并没有成为一个非常成功的校长,甚至我在干部岗位上还犯过一些低级错误,可你知道我心中有多大的喜悦吗?我经常沉浸在成长的喜悦中,我分明听得见自己成长的脚步声!

小陶，我并不认为你当干部对你来说有其他方面的太大的意义，你不会比别人拿更多的钱，反而要牺牲不少时间，你还要忍受不少的委屈和苦楚，可是，你将获得成长，这值得你骄傲一生。当了干部后，你的视野会更开阔，对世界和对人的认识也会更深刻，你会结识更多的人，会有更多的机会与高手过招。为了更胜任这份工作，并获得大家的认可，你会不由自主地去钻研，你会不断地从错误或过失中获得启发。为什么要拒绝这么好的机会呢？千万别拒绝，否则你就是在拒绝成长！

其三，我想帮助你。可能你还不了解我目前的工作。我五年前从校长岗位上离开后，一直在尝试着为学校管理者提供智力方面的服务，我觉得因为我的帮助而使学校有所改善，这是我的荣耀！我想，如果我能帮助你成为一名优秀的管理者，这会令我更满足，因为你是我的学生，而且是我的好学生。

不过，不是我想帮你就可以帮成的，眼下还取决于你是否接受你们校长的任命。就如同当初我曾影响你的职业选择，今天我希望再影响你一次，你不会后悔的，你的选择会被证明是明智的。

你可以非常坦然地接受这项任命，丝毫不必恐慌，你所害怕的复杂的人际关系并不会伤害到你，如果你心里想着的是自我成长，那么也许每一次的伤害对你都是有益的；如果你心里想着，这是个为公众服务的岗位，总得有人去担当这个责任，那么请你勇敢地挑起来。

退一步想，校长任用你当主任助理，是想栽培你，学校给了你充分的学习时间，让你在未来可能独当一面之前，先给你一个从容尝试的机会。我觉得助理这个职位严格地讲并不是真正意义上的中层干部，而是见习中层干部，所以你更没有拒绝的理由。你是有退路的，如果上任后感到非常不适应，或者你最终发现自己完全不具备当干部的潜质，甚至感觉自己非常痛苦，每天如同噩梦一般，到那时再请辞也不迟。

做一天干部胜过读一年书。做好准备上任去吧。小陶，生活是严酷的，没有必要去躲避，无论是凶还是吉，既然是老天安排的，不妨去体验一下。

那么我能帮你什么呢？

我会把我的经验告诉你，我在成为校长之前当过五年的中层干部，我会将我的心得拿出来与你分享，那些久已封存的记忆，掸一掸灰尘，还是有些小用处的，尤其是对你。对一个新上任的中层干部来说，尽量少走弯路，减少新手的低级错误，尽量让学校少为你的稚嫩付学费，这是我的心愿，相信也是你的心愿。我还会将别人的经验转述给你，这些经验是我间接获得的，我相信对你也会有用。

我并不是完全靠经验在为你提供帮助的，毕竟经验有其局限性，我会尽量寻找理论依据来为你解释疑难，理论研究成果对我们管理工作的助益是不可限量的，无论何时，都不要忽略甚至藐视理论的指导作用。

有时候，我的经验、他人的经验，以及理论的洞见都无法帮到你，你在未来工作中会遇到许多问题，无论经验还是理论都回答不了丰富而艰难的教育和管理问题，那么就让我们一起来探索吧。

我期待着这个富有挑战性的岗位不仅能给你带来荣耀，而且还会给你一种全新的体验，我希望能与你分享这种体验。作为你的老师，能与你分享，这也是一件很快慰的事！

下决断吧，别犹豫！

你的老师　郑杰

管理本质

小陶：

你好！

得知你终于接受了任命，光荣地走上了管理岗位，作为你的老师，我的喜悦无以言表！

你在来信中诉说了你的忧虑，你说你们学校相当一部分教师都不太热衷于工作，好些人都在混日子，甚至有些人不但自己不努力工作，还见不得别人兢兢业业，常常对他们冷言冷语，时不时地讥笑一番。

我认为你提到的那些现象并不只在你们学校存在。要知道人是理性的，大凡理性的人往往精于算计，比如很多地方的人不太喜欢上海人，对上海人的斤斤计较颇有微词。其实人本来都是会算计的，只是算计过头的话，就显得太过精明了，就会讨人嫌了。因为人是理性的，大凡理性的人都能自控，使其行为只在目的的控制之下，也就是始终保持行为目的与行为手段一致。就比如说你接受了校长的任命，因为你是理性的，你就会左思右想，而最终作出了人生中的一个重要抉择。

你的下属们是理性的，也就是说他们会算计，会将自己的付出与收益作比较，如果收益高于付出，他们就会觉得超值了，就倾向于更投入地工作，或者所获得的收益比如绩效工资超出了心理预期,这会让他们更倾向于努力工作;反之,如果收益远低于付出,或者收益达不到心理预期,他们就会倾向于减少工作时间,降低工作标准,或者以不断地抱怨来平衡其内心的不满。

你管理的就是这样一群理性的人,因为理性,所以其行为与目的如果发生错位的话,就会不舒服,就会自我矫正,要么改变行为,要么就要调整其行为目的。就比如说,你抱着学习和成长的目的走上管理岗位,或者你抱着为公众服务和成就他人的目的当上中层干部,可是,上岗后却发现完全不是那么回事,你成天埋头在事务堆里,没完没了地参加一些无聊的会议。作为一个干部,你不得不先当一个听众,听大大小小的领导在台上口若悬河地说些永远正确的废话,你还得应付来自方方面面的检查、评比、考核,每天提心吊胆地应对随时可能发生的意外,于是要不了多久,你便身心俱疲,工作和生活都失去了意义。这时你害怕失去自我,你的状况与上任时的目的严重不符,什么都没学到,也丝毫未见成长,说不出到底为公众作了哪些有价值的贡献,到那时你一定会陷入迷茫之中,是失去自我保住职位,还是放弃职位保全自己?

不过,总有些人从事某个职业是非理性的,比如有些人从事教育活动是出于某种信仰,那就是非理性的。什么是信仰?信仰就是无条件地相信,你要相信上帝,总不见得说要让上帝显灵你才信。信就是信,无需任何条件,这才是真信仰。一些人出于非理性,才不用头脑去作判断,才会不那么计较个人得失,做一些常人无法想象也不可能做到的事。比如你做教师是因为父母就是教师,而在你的学习成长期间恰遇让你钦佩的老师,使你对这个职业充满了美好的遐想,那么即使收入不高,即使工作劳累,都无所谓,你是发自内心地愿意。信仰啊情感啊这些都属于非理性,人类的大部分行为都是非理性的,即使是上街购物也多半是在非理性的主宰之下,可在工作这件事上，却是理性的成分多些，当你给教师布置工作时，他们本能地就会在心里发出疑问：凭什么？

就一个理性占主导地位的员工来说，他的潜在工作动机是什么？这是你要仔细琢磨的，这就是知己知彼了。你千万不能天真地以为人们本来就会努力工作的，如果你作出这样的假设，那是十分危险的。每个人心里都有一个天使，也有一个魔鬼，在人们为着自身的利益斤斤计较的时候，魔鬼便现身了。一个理性占主导地位的员工，无论他外表如何地温文尔雅、慈祥可爱，骨子里头却是"工资最大化休闲也最大化"，换句话说就是多给点儿钱少干点儿活。

即使是理性和算计，不同的人也会有所区别，有的人算计眼前，而有的人或许很有眼光很有耐心，他们在心里盘算着收获更大的利益；有些人斤斤计较小钱，往往被人瞧不起的是算计小钱的人；还有些人在算计金钱以外的收益，比如子女入学，比如可以破格评职称，比如在偶尔犯了小错误时领导会网开一面，不至于逼人太甚，等等，不一而足。这就是下属们的目标。

这一目标显然与管理者的目标不一致，如果你是一个有良知的管理者，你的目标可能是课程改革、提高教学质量之类的，而他们的目标多半是工资最大化休闲也最大化，这就构成了一对矛盾，这对矛盾使得管理者与被管理者之间的关系变得有些微妙：可以说是"天敌"的关系，毕竟这对"天敌"有如猫与老鼠。天敌并非就一定是敌人，并非是你死我活的这样一种水火关系，管理者和被管理者之间既有相克的一面，也有相生的一面。小陶，你必须明白，作为管理者，你的使命说到底只有一个，那就是使被管理者们忘记工资最大化和休闲最大化，而将目标调整到与学校一致的方向上去。

现在你也许能理解，为什么总有些人对努力工作的人冷嘲热讽了吧？因为那些理性的人，精于算计的人，在他们的眼里，拼命工作的人肯定能获得某些好处，冷嘲热讽多多少少是出于嫉妒；有些人自己不努力工作，却极尽讽刺他人之能事，可能是一种防卫机制在起作用，他们担心，当大多数人都不计报酬忘我工作时，少数人就会被孤立，就会成为另类而被人侧目，所以最好周围的人都不努力，才不会显得自己太扎眼，也才能获得安全感。总要讽刺打击别人的人，或者喜欢做民意领袖替人出头的人，他们的心里也许非常紧张和不安，因为一旦防卫机制被启动，人便会变得惶惶不可终日。

小陶，从当上干部的第一天起，就不必对人性抱有太大的奢望，管理者不是诗人，这样，你才不至于每天悲观失望。你不要把注意力总是放在那些不努力干活的人身上，任何一所学校，哪怕是再糟糕的学校，总会有些如你一般勤奋工作的教师，多看看他们，这样，也才不会对教育彻底地失望。

什么是好干部？好干部就是能让下属忘记私利，全心全意投身到学校工作中去而无怨无悔的人。

祝你早日做到这一点，也相信你一定会做到这一点，如果你真的将管理岗位看作是学习和修炼的平台与机会的话。

你的老师　郑杰

个人力量

小陶：

你好！

你在来信中询问，教导主任让你召集教研组长并布置下一阶段的工作，在被任用为干部后的头一次亮相你该如何表现。

要回答这个问题，先得让我澄清一下什么是布置工作。布置工作就是下命令，一个命令同时包含五个信息：为什么？做什么？怎么做？谁去做？什么时间做完？

可是，你别以为只要把以上五个问题都回答清楚了，命令下达完了，就算是大功告成了。还早着呢！即便是为这次会议作了非常充分的准备，在会议上，你的表述如同行云流水，无懈可击，教研组长们就会按你说的做吗？如果你不能确保下达的工作任务可以得到执行，你的任务便不能说已经完成。他们可能执行得很好，也可能执行得很糟糕。这就要问：让教研组长们努力执行，取决于什么呢？

首先取决于管理者本人的影响力，其次是制度的影响，最后是思想的影响。打个比方吧，如果我管着清洁工老王，我给老王布置工作，明确地下达了工作指令，指令完整地包含着五方面的信息，可他并没有按我的要求把地扫干净。那我该怎么办呢？

我先对他说："老王啊，我和你是哥们，咱哥俩平时关系那么好，你看在我的分上把地扫干净吧！"可是他不理我，我的那点儿面子对他来说一钱不值。我看他依然对我的指令置之不理，便正告他："老王啊，关于扫地，学校是有规定的，规章制度上白纸黑字都写着呢！如果地扫得干净会得到哪些好处，而如果扫不好，达不到标准，那么就要扣发绩效工资，甚至叫你走人。"可是老王似乎对规章制度无动于衷，他才不在乎什么标准不标准的，他为所欲为，还是不愿意执行我的指令。这时，我开始耐心细致地做他的政治思想工作，我苦口婆心地对他说："老王啊，我们都要为教育事业而努力工作。"可老王既不看我的面子，也不看制度的面子，根本不在乎什么思想不思想的，那么，我对老王的管理就彻底失败了。管理者要有心理准备：你精心准备好了一大堆工作并一一布置下去，可是，老师们并不如你想象的那样自觉地执行。于是，你得靠你个人的力量、学校制度的力量和学校文化的力量，三管齐下，共同作用。

我认为，对一个中层干部来说，最值得依靠的就是你个人的素养和能力，尤其是在学校规章制度不健全，或有了完备的规章制度却执行差的情况下；也不要对统一思想抱有太大的希望，在世俗化程度如此之高的现实环境下，高声宣扬教育理想和理念，不仅不能赢得教师们的理解，反而让他们怀疑你的诚实。而且，毕竟你不是校长，如果你是校长，那么你可能更好地通过制度建设，使学校管理效能得到提升，教师的工作质量得到提高；如果你是校长，你可以在校长文化和教师价值观念方面有所作为，可你不是。即使你当上了校长，也千万不要以为你就能很容易地推行制度化管理，在整个社会法治化程度不高的情况下，你硬是要推行制度化管理，会四处碰壁的；也不要轻信什么文化引领之说，对从不知道什么是价值观的人谈论文化，与缺乏思想的人探讨思想，只是对牛弹琴。我这些话可能说得有些过分，你可以在实践中再思考一下。

我认为，对你来说，最靠得住的还是来自你个人的力量，尤其是你刚上任，年纪轻，又是校长一手提拔的。在学校这样的环境里工作，还是要论资历的。你参加工作才几年工夫，也没作过多大贡献，凭什么你就可以获得提拔呢？人们在揣摩你的时候，一般不会想正面的理由，反而会有不少负面的推测，比如你有后台，或者你长得漂亮，会阿谀奉承，等等。你注定会比老资历的干部遇到更大的阻力，这对你的个人修为提出了更高的要求。

那些本来不在意谁当干部的人，在你坐在台上正儿八经地布置工作的时候，想法就不同了，他们心里会想：你凭什么？凭什么吆五喝六的？而那些原本很想当干部，对这个职位觊觎良久的人，这时就会有一种被剥夺感，虽然这个职位未必轮得到他们。

你的资历还差一些，不过这不是太大的问题，因为你现在是干部了，要把眼光放长远了来看，你现在正是为未来积攒资历。很多人会认为年轻就是个优势，他们经常会用"前途无量"之类的词来夸奖你，可是我并不认为年轻对一个学校干部来说是个优势，因为年轻，这让你在给比你年长的人布置任务时显得底气不足。不过好在随着年龄的增长，这个问题在将来就不是个问题了。

成问题的是你被提拔的方式。校长看中你提拔你，与群众选择你，这两种情况相比较，哪一种方式更有利于你现在的工作呢？这就得看你们校长在学校里的影响力了。这里有两种情况：一种情况是你们校长在学校里德高望重，很受大家尊重，于是校长亲自提拔的人大家都会认为错不了；相反，如果是口碑很差的校长，他越是看中的人，大家越是反对。我见过一所学校选工会主席，校长看中的人选，其实是个很不错的老师，完全可以胜任工作，可大家都知道那是校长提名的候选人，便联合起来抵制，而后这位老师就硬生生地落选了。

不过，你也不必太纠结以上这些因素，因为真正让你坐稳位子并且成为不可或缺的角色的，是你的卓越表现。让你给教研组长们布置工作，是你获得自己地位的第一步，也是展示自己才华、赢得大家对你的信任的机会。通过一个又一个机会，你应该一次比一次进步。衡量你进步的标准主要不是看你能否独自把领导布置给你的工作做得多么出色，因为你不是办事员，你是一个管理者；也不是看你的教学水平有多高，即使你是全国有名的教师，也丝毫不能给你的管理加分。扩大你的权力才是你作为管理者的修为。

不要认为你是主任助理了，就自然而然地拥有权力了，你目前的权力主要来源于你的职位。我觉得过于关注职务权力的扩大是错误的，这会让你陷入权力斗争中，反而不能帮助你成长；要扩大的是你的非职务性权力，又叫作人格权力。我并不是藐视由职务带来的权力，我的意思是说你不要过于关注职务性权力，因为那不长久，你要成为一个在学校里一言九鼎的人，成为众望所归的人，这需要你人格方面的修炼。如果你缺乏人格权力，虽然你在台上布置工作，但教师们是不会认真执行的。

还记得我当年被提拔为分管德育的教导主任时，比你现在还年轻，我那时才走上工作岗位不及两年，资历太浅，年龄太小，而且我也是被校长看中，未经民主选举。虽然我被授权管理班主任队伍，可当时所有班主任都比我年长。我是硬着头皮上阵的，受了不少委屈，那些班主任对我布置的工作置之不理，或者阳奉阴违草草了事，最令我尴尬的是一位资深班主任竟然在一次例会上一个劲地抓我的把柄，严重地伤害了我的自尊。从那以后，我真正明白了，布置工作是职务权力赋予我的，让他们不折不扣地执行却是由我的人格赋予的。五年之后，我成为这所高中的副校长，再没有人认为我太年轻或没资格。

在这里我绝没有夸耀自己的意思，我只是想告诉你，随着人格魅力的增长，你会赢得真正的权力，那与职位无关，与年龄无关，与资历无关，与谁看中你、谁提拔你都无关。

对于你的第一次亮相，我建议你不要亮出职务权力。你绝不要在会上说，谁做得好我会给你什么样的奖励，你那是在亮你的奖赏权；更不要说，谁要是干得不好，会有什么样的后果，千万不要轻易动用你的强制权，永远不要威胁教师。我想你是个聪明的人，你知道布置工作只是你赢得人心的开始。

人心向着什么？人心向着你的自信，只要信任自己，心中就会有能量产生。人心还向着你的责任感。一份调查显示，有60%的人认为一个干部最吸引人的特质是"责任感"，责任感意味着你出于对学校和教育的专注和忠诚，你要发自内心地负责任，在遇到困难时毫不畏缩，绝不逃避，更不会推卸责任。人心向着你的坦诚，你不必隐藏起自己的性格，大家都最恨那种"笑面虎"式的伪君子，戴着一副假面具不以真面目示人的人是招人厌恶的。一个非常要强的人用低姿态对人，或者一个懦弱的人却拼命地以高姿态示人，都会使人不舒服。

如果第一次亮相，你能充分展示自己的自信、责任感和坦诚，你一定会积攒人心和人脉，你的非职务权力也会飙升的。

我期待你的好消息。

个人力量

你的老师　郑杰

不要抱怨

小陶：

你好！

上次在信中，我希望你依靠自己的力量去赢得大家对你的尊重，把当干部看作是自我历练的机会。昨天你来信说，虽然你为校长器重你而感到高兴，可是觉得他能力不够。参加行政会，大家都吵吵嚷嚷，而他既不发表意见也不拿个主意，到会议快结束了也不拍板，真替他着急。小陶，从信中，我获得了以下信息，不知道对与不对：

第一条信息，你们领导知人善任。校长从学校那么多的教师中选择你，把你放到干部岗位上培养任用你，让你有施展才华的机会，从这点说明他具备了作为学校最高领导的素质，知人善任无论怎么说都是校长的首要素质。如果他是一个自私的人，用人的时候不考虑个人能力，而是用那些逢迎拍马的人，用那些亲信却无用之人，把学校搞得如"家天下"一般乌烟瘴气，你说你受得了吗？所以凭这一点你就该知足了。

第二条信息，你们学校民主氛围浓郁。在行政会上大家可以争论，哪怕争论到面红耳赤，这说明你们在讨论问题时，大家都是在谋事而不是在谋人。我认为这种民主氛围很好，是来之不易的。为什么说是难得的呢？那是因为在行政管理中最脆弱的和最易被破坏的就是民主氛围了,如果校长缺少胸怀,或者权力欲太强,而学校的中层干部却又偏偏惯于服从权威,那么你们的会议室里会冷冷清清,只听到校长一个人慷慨激昂的声音和你们记笔记的"刷刷"声,你认为这样的氛围好吗?

第三条信息,你的同事们都是些有想法的人,当想法不一致时,大家都会把各自的想法说出来,于是,你们需要一个最终的决定者来裁决一下,需要一个比你们更高明的人替你们做主。可是你想过没有,当那个比你们高明的人一旦做了主,是不是有可能成全了一方而伤及了另一方?当人们习惯于依赖某人拿主意,便会在以后的讨论中投其所好,就会在讨论前就开始揣摩那个人的意图,直到最后彻底失去了思考能力。我认为你们在争执不下时应该寻求票决,每个行政会成员一人一票,不就解决了吗?何必总要找人拿最后主意呢?

第四条信息,我从你对行政会议的描述中看出你们校长的决断能力不够强,但你一定不要认为决断能力不强就是能力不强,他之所以能够当上校长,也是一步一步走上去的,虽不一定有太过人的能力,可也不至于真的无能。我们心里一定不要将校长想象成全知全能的人,这样的人是不存在的。

我们面对的大部分校长都是"中人",都是普通人,很少有"高人",也不会有太多的"低人"。正因为如此,才需要各种人才来辅佐校长,你就是其中之一,如果他是万能的,还要你们这些中层干部干什么?

现在让我们把学校想象成中国象棋,车、马、炮、士、相、兵都很能干,车、马、炮又是如此英雄,可那最高将帅,却很无用。校长即使如将帅般无用,也不会影响我们打一场胜仗;而如果将帅很能干,可其他棋子却一无用处,那也必败无疑!

可以原谅校长是"中人",但不要原谅自己成为一个平庸的人。你应该庆幸校长是个中人,当初胡适先生形容美国艾森豪威尔总统,说他"无智,故能使众智；无能，故能使众能；无为，故能使众为"。你们之所以能在各自的岗位上各显神通，可能恰恰是因为你们校长的"无能"。

小陶，我们必须学会完整地接纳自己的上司，就如同悦纳自己一样。

当一个人很热情，就可能难以谨慎；当一个人善于独立思考，就可能不太善于交际；一个很能创新的人，可能务实的精神就差些。因此，当你喜欢对方的热情，就别太介意他的马虎；当你很欣赏对方善钻研，就不必再期待他的交往能力；当你赞叹他的创新，你就得容忍他不那么实在。那有没有各方面都非常出色非常优秀的完人？我认为没有，在我们的生活里，太多两方面都不行的人，我们可以称之为庸人。

小陶，每个人都要悦纳自己，很多人活得很辛苦，是因为完美主义在作祟，总要证明自己样样都行，却不愿接受自己在某些方面确实不如别人。其实，你特别不行的那一面的反面，恰恰是你优秀的一面，人只要去表现优秀的一面就行，就是在实现自我了，就是活出个样子了。记住，要表现自己，而不是向别人证明自己。

许多人在恋爱时，怎么看都觉得对方很完美，可真正生活在一起，却老觉得对方缺点太多，时间越久越觉得失望。其实这些缺点对方本来就有，只是你没注意到，被你给忽略了。当时你特别喜欢的那几条，比如他的孩子气，你觉得他好可爱，可是他同时不太有主见，家里大大小小的事都不能顶着；比如说你当初十分敬重他的事业心，可婚后他总不在家，你就受不了。其实他什么也没变，只是你把关注点放到了他的缺点上。因此，婚姻保鲜的奥妙就在于包容对方，接受对方的一切，而不是要去改变对方和控制对方。

对你的上司也应如此，就如你们的校长，你们一定喜欢他的大气和宽容，那么你们也得接受他的决断迟缓。

另外，我还想提醒你两条：

第一，如果你不能跳出来，不能站在学校发展的高度上考虑问题，那么你的抱怨只会越来越多，今天抱怨领导，明天抱怨同事，后天抱怨下属。总是看到别人缺点的人，其实是在给自己干不好工作找借口。我不愿意看到你习惯性地抱怨，这只会阻碍你的进步，却丝毫不能成就你，也不会成就你的工作。

　　第二，抱怨你的领导并不能让他有所改变，而且你们即使是集体抱怨，甚至抗议，也无法撼动他的职位。在当前校长任命制条件下，你们都是人微言轻的人，无法对上级的任命产生影响。即使产生影响了，换了个校长，倒是具备了强大的决断能力，可你们同时能接受他这一优点的反面吗？比如独断专行，听不进意见，不尊重人，等等。我当校长时就不怎么完美，比如我开创有余却守成不足，我能接受自己的全部，即便我被批评为另类，我估计你要是我的下属也一定会恨我的折腾。可你要知道恨和怨都没有意义，相互适应，合作与沟通，才能达成共识解决问题。为什么非得改变他人呢？一个人改变自己尚且都难，何况改变别人！

　　小陶，发现他人，寻找自己，这才是你日常的功课，得每天做。

　　　　　　　　　　　　　　　　　　　你的老师　郑杰

对上负责

小陶:

你好!

上次我在信中劝你不要抱怨你的上级,我想进一步阐述我的一个观点,那就是中层干部要设身处地地站在上级的角度考虑问题,因为这事关你个人成就和学校成就。你回信说,你在思索:学校干部岗位到底应该是为上级服务还是为教师服务?

我认为你的问题提得相当好,这涉及你的定位问题,我想我们得花些时间讨论这个问题。在我们讨论这个问题之前,我先要申明的是,我希望在"应该是"和"事实是"这两个层面上回答你的问题。事实上,教育界所讨论的问题基本上都可以从两个层面来回答,比如说,"应该是"实施素质教育,可"事实是"绝不能没有学生学业成绩的提升;"应该是"全社会支持教育,可"事实是"教育如何更好地在社会进步中发挥积极的作用。当某人在讨论"应该是"什么的问题时,你却从"事实是"的角度批驳他,我认为这是不讲道理的表现。人类每一个点滴的进步,都起源于"应该是",而后伴随着对"事实是"的尊重。

那么,干部"应该"为谁服务呢?我看这个问题不必讨论,那就是为学校服务，无论校长、中层干部还是教师，都是为学校服务的。那学校是为谁服务的呢？学校是为人民服务的，也就是说，衡量学校办得好不好要看公众是否满意。我想在这方面是不会有太大争议的。

可是，干部"事实是"为谁服务呢？这个问题就不太容易回答了，如果你把"应该是"混淆进来，说干部事实上也是为学校、为公众服务的，那么如何检测你服务的质量呢？因为学校本来就是一个抽象的概念，学校自己是不会说话和表态的；人民也是个抽象概念，人民也是不会说话和表态的。因此，学校乃至国家、人民经常会被某些强势力量所代表，学校、国家和人民的名义经常会被冒用。打着崇高而空洞的旗号来实施其统治，会更方便，也更能显示出其正义性和合法性。

我认为，干部事实上是为上级服务的。我知道做出这么个回答，会让很多人觉得不舒服，比如教师就会不舒服，会从道德方面来谴责：你当了干部了就只知道拍领导马屁了，喜欢抱领导大腿了等；"应该"派的人也不满意，说干部要一心为公。我觉得不必在意他们的意见，在我们讨论具体管理问题的时候，我建议你应该在意的是理性和逻辑，而不是立场和观点。

对上负责

干部为什么要为上级服务，对上级负责？那是因为干部是上级任命的。如果干部是由教师选举的，那么干部必须为教师服务，对教师负责；如果干部是由家长推举的，那么干部就必须为家长服务，对家长负责；而干部事实上是由校长任用的，那么干部实际上也必须是为校长服务，对校长负责。

可干部为什么不能由教师选举呢？那是因为教师是不能代表学校的，教师只能代表他自己。公办学校是政府办的学校，所以由政府派校长，这是天经地义的事；私立学校是由投资人或其他社会机构办的，那么校长就由老板或社会机构派出，这也是天经地义的。

学校干部和政府官员并不是一回事，政府官员虽然也叫作干部，可他们是人民的公仆，他们是民选的，因此执政必须为民；而学校干部不是什么政府官员，而是学校的管理者，就如同企业的管理者，哪有企业管理者只为员工服务而不为老板服务的道理？在学校中，可能只有一类干部是真正代表民意为教师服务的，那就是工会，工会负责人是由教师（工会委员）选举产生，理应直接服务于教师，维护教师权益。

为什么我们会对干部服务于上司表示反感？是因为我们对上司作出了负面的假设。我们见到不少为非作歹和作恶多端的上司，我们的文化中对身居高位的人是不信任的，而这种不信任并不是没理由的。可是，我认为作这样的假设是不对的，这会掩盖上司与下属事实上的从属关系，从而导致学校管理混乱。学校管理秩序的前提是上下级服从关系，而不是上司值得服从。也就是说，上司是否值得服从，对这个问题的考量应该在你接受任命之前，而不是上岗之后；如果你在上岗以后才发现你的上司不值得你服从，那么你完全可以放弃你的职位，甚至离开这所学校。

可能有人又会提出：服从上司，服务于上司，对上司负责，尽管上司一心为公，可也难保他的决策一定是正确的，那时也听他的吗？我的回答是：

（1）对上司决策的正确性，你应该抱有信心。那是因为，你的上司站位要高于你，供他作出正确决策的信息比你全面，所以学校高层领导更适合作决策。此外，现在实行校长负责制，校长和学校其他高层领导比你更担心决策错误所引起的不良后果，相反，倒是那些不必为后果承担责任的人才不能参与决策。我有时候会想，要是让学校普通教师来决定学校事务，会不会比让校长决策更好呢？我想也许会更差些。个中的缘由，你自己去推导吧。

（2）高层领导是有可能发生决策错误的，相信概率也不会低，因此高层领导的决策过程需要你们参与，在讨论学校重大事务时，作为干部，你就应该知无不言，言无不尽，可一旦决策已定，则应该严格执行。如果你是真正为你的上司负责而不是看他的好戏，那就应该据理力争，而不是做甩手先生。

（3）为上司服务，不是要你做上司的服务员，每个工作岗位的服务内容也不同，每个岗位的服务方式也不同，这就是中层干部的分工问题了。但是，无论怎么分工，都不需要你以人格作为代价，不要一提到服务就想到低三下四的姿态。

（4）为上司服务，实际上是在与上司的交往中实现的，为了更好地服务于上司，并最终使学校服务于公众，必须建立与上司的良好关系，此时你的主动性就很重要。"等、靠、要"是不合格的服务。

小陶，你的顶头上司是你工作生涯中最重要的人物。他手握"生杀大权"，可以使你工作起来顺利无比，也可以使你根本无法开展工作；可以使工作气氛融洽，也可以使工作变得令人无法忍受。大胆与他们交往吧，你会为他们服务得更好。如果你发现他们失去了公心，那就选择辞职，你永远都是自由的。

对上负责

你的老师 郑杰

坦诚相见

小陶：

你好！

显然你对上次我信中阐述的某些观点难以接受，我很欣慰。你确实应该形成自己的价值观念，至于价值观念与我不同，那不是太大的问题。虽然我曾经是你的高中老师，可我没有资格把我的观点强加给你，请你放心，给你写这些文字，并不是为了教训你，而是为了相互启发。

你在回信中认同我的一个观点，就是要与上司交往，这会为你的工作创造好的环境。但是你也提出了与他们交往的难度，这个感受与我当中层干部时是一样的，我有好多朋友，可我没有一个朋友是当领导的。迄今为止，我与全国各地好多校长、主任和教师成为无所不谈的至交，可是我与政府官员交往却抱有戒心，或者说在与他们沟通方面我缺乏动机和能力。

好在你的上司都不是什么官，你的上司并不像官员那样不可琢磨、那样神秘和难以相处。作为教导处主任的助理，你有很多上司，有教导处的主任、副主任，有校长和分管教导处的副校长，还可能有党支部书记和副书记等。他们的行政级别不同，可是真正影响你与他们交往的不是什么行政级别和具体工作岗位，而是他们的性别、性格、生活背景、知识修养等方面的差异，所以"如何才能更好地与上司交往和相处"，这个看似简单的问题似乎不能一概而论。

你可以从性别角度开始认识他。男领导和女领导的表现存在差异，内在心理上的差异也很大。一般而言，男性领导的性格特征比较鲜明，有棱有角的，常常会把情绪表现在脸上。当他看到某个下属在工作上干得很出色时，往往会大加夸奖，给予鼓励，而当下属犯错误时，他会毫不客气地明确指出，有时甚至不留任何情面。记得我当校长时，经常不拘小节，工作上很有激情，有进取精神，不服输，很要强，有时候甚至还有点儿霸道，这大概就是工作中所表现出的一种"大男子主义"倾向。如果你的上司是一位女士，那一般会比较温和些，她们很少疾言厉色，也不会大声斥责，常常会给人一种易于亲近的感觉。我当校长时，我的搭档、党支部书记就是一位女士，我很庆幸与她成为工作伙伴，正好弥补了我的不足。她的内心十分细致，也很务实和踏实，从不计较个人得失，处世为人都很得体。不过女性领导往往太过于谨慎，显得过于苛严，与男性领导相比，她们有时比较情绪化，不如男性领导那么理智和克制。

我这么评述并不是绝对的，具体情况要以你对他（她）的观察为准。我觉得相对来说，男性领导更容易交往和相处，我也希望你能多与男性领导接触，因为他们身上有不少可学习之处。

不要瞧不起素养和底蕴不够的领导，千万别认为最好的领导一定是些"阳春白雪"似的人。学校并不是一块封闭的净土，在学校内部和外部都会有三教九流、各色人等的存在，知识型领导抓教学和教科研也许不错，可要是与不同层次的人打交道恐怕就不行了。记得我当时去一家民办学校工作，无法与投资人及其家属建立良好的工作关系，这可能与我的清高有关。你的上司中一定有很能与人打交道，可文化底蕴不如你的人，你要尊重他们，向他们学习，因为你作为一个走进学校才五年的"小教师"，你没有丰富的社会经验和人生历练，这些都需要你日后去补习的。

一切都得从相互了解和接纳对方开始。当干部之前你与领导有一定的距离，平时接触的机会不多，即使见到了也是仰视他们的时候居多，与他们平等交流和沟通的机会少；现在不同了，你可以平视他们，这为你深入地了解他们创造了条件。为加深了解，我建议你经常问自己以下几个问题：

（1）你的上司对什么事最容易产生不快？

（2）他最为自豪的是什么？

（3）他最关心的是什么？

（4）他对你的工作有何希望？这种希望是太高了还是太低了？

（5）你怎么做才能对他的工作最有益？

其次，他也希望你像看待常人一样看待他，每个人都会心存害怕、希望，都有优点，也有弱点，都会有脆弱的时候，他虽然担任了行政工作，可他首先还是个普通人，像你一样，他也需要鼓励，尤其在他得不到他的上级支持的时候，这种鼓励就显得尤为重要。

为了更好地与你的上司交往和相处，在这里我要给你提几条忠告，这是一个做过校长的人对中层干部的肺腑之言。

忠告一：永远不要设法对付你的上司，你要以一颗平常心来与他相处，因为正常情况下，谁也不会笨到与自己的得力助手对着干，而如果你以为他要与你对着干，那你基本上属于神经过敏了，如果你违背常理与他较上了劲，结果只会伤了你自己。

忠告二：永远都要理解上司生活中的一面。越是高层领导就越是活得辛苦，为什么？因为他们要努力扮演领导角色，平时要正襟危坐，不能随便说话和做事，实在是累得慌。所以在休息时会比较放松，翘起二郎腿，甚至有时候还会不小心蹦出几句脏话，甚至发发脾气，吹胡子瞪眼，偶尔他们会显得毫无教养。你还会发现，他们当着教师的面说的话与平时聊天时完全不一样,这时你千万不要感到失望,因为在公众面前的那个领导不是真实的,只是"虚像"而已,那个不加修饰的他才是个"实像"。这正如心理学家荣格所说:"人,都戴着一副假面具。"因此,当你的上司在你面前不设防的时候,正是你了解他们真实性的时候。

忠告三:注意自己的谈吐。在任何领导面前,都不要高谈阔论,因为大家都很忙碌,如果你谈性正浓,而恰好领导很忙,这会减少领导召见你的次数,而且会给领导造成你华而不实的印象;不要在领导面前逢迎拍马,这会惹恼其他干部,而领导虽然总是喜欢听好话,可时间一久,容易引起他的怀疑,怀疑你的真诚;也不要谈论前任领导,这会让他想象他离任以后你可能也这么议论他,想到这一点,会令他十分不安。

忠告四:在上司下达任务时,一定要凝神和专注,无论如何得把手机放一边去,领导特别在意自己的面子和尊严,即使你对他的决定有意见,也一定得先听他讲完。有时候在别人说话时随意插话,其动机无非是为了显示自己比别人能干,你完全没有必要在领导面前显示这一点。

忠告五:越是严厉的上司,你越是要接近他。那些表面看似严厉的上司,实际上都有着孤独和寂寞的一面,对他们千万不要采取敬而远之的态度,要积极主动地接近他们,这会使他日后更好地关照你,主动地指导和帮助你。

忠告六:绝不要与异性上司过于亲密,如果走得太近,你不仅会遭到同事和下属的非议与排斥,也会被上司视为是对其地位产生不良影响的"不祥之物",进而会影响到你的前途。你不要简单地认为只要不做亏心事就不怕鬼敲门。我们中国人似乎都有一种特殊的癖好,那就是对男女关系之类的问题特别敏感,而且往往伴有一种特别的热情,喜欢对之添油加醋地宣传、夸张地描绘。我不希望你被"办公室恋情"所困扰,一旦你被困扰过,哪怕只有一次,那你将一辈子被困扰。

忠告七：在教师面前，永远和上司保持一致。不要在教师面前显示自己比上司能干，甚至在教师面前诋毁自己的上司，更不能将行政会议的讨论过程透露给教师，虽然这么做，可以图一时之快，可没有不透风的墙，一旦败露，只会引起上司对你的戒备，使你好不容易积攒起来的那种可信感，一下子土崩瓦解，荡然无存。

忠告八：不做上司的保姆和密友。不要试图用照顾上司生活等一些小伎俩来打动上司的心，当你越是亲近上司，上司的要求便越多，结果很有可能使你的上司可以随心所欲地打发你，用损害自己最信任的人的利益来赢得教师对他的尊重，甚至大义灭亲，这历来是统治者取得民心的好办法。

与你的上司建立友谊而不要试图掌握属于他的私人信息。过多地与上司周旋，可能会使同事和下属讨厌或不信任，甚至有些人会想尽一切办法拆你的台。

总之，与你的上司交往和相处，必须对双方都有利，完全不必为此牺牲什么。请记住我的这些忠告，这是我当干部近15年的心得，切记！切记！

与你的上司坦诚交往吧，你会游刃有余。

你的老师　郑杰

7 应对两难

小陶：

你好！

前两天给你发的邮件有点儿长，关于与上司相处的问题，我有上司和下属两方面的经验，所以给了你不少忠告，可没想到你读了之后有了畏难情绪，我想，对上和对下的关系都要处理好，确实有些难，但这是你必须要学会的。

你的回信很短，你告诉我当上了主任助理才一个月，就觉得很累人，主任把乱七八糟的事都扔给你了，一整天忙忙碌碌的，回到家只想睡觉。你在信里问我：是否该放弃自己的业务，专门做管理？因为你还兼着两个班的语文课和一个班的班主任工作。

我想，忙碌将会构成你干部生涯的常态，你得适应忙碌，而且我不主张你放弃你的业务，要尽全力教好课，尽全力带好班。想起我刚当干部那阵子，我的教学业务导师是分管教学的副校长，那时候她对我很严厉，警告我管理和业务两头都不可松懈。她长期跟踪听课，有一次我实在来不及写备课笔记，只在教材上圈圈画画就进课堂了，恰好她又来听我的课，发现我竟然在课前准备得不充分，盛怒之下当着语文组老师们的面臭骂了我一通，从此我再不敢偷懒。后来我一直很感激她，正是她帮助我克服了自己的惰性，所以每当我想原谅自己的时候，一想到她，我便振作起来。直到我当上了副校长，还一度兼着两个班的语文课和一个高三班的班主任。我当时年轻，哪可以饶了自己？人有时就靠那股子劲，咬咬牙也就过来了。

小陶，其实中层管理者的角色的一些特点决定了你忙碌的状态，你要有充分的心理准备。中层管理者有以下四个特点：

第一个特点是多维度管理。中层之上有校级领导，之下有教师，课堂里还有学生，左右还有其他中层部门的领导，真是"上有老、下有小，中间还有兄弟姐妹找"，你每天要处理各种各样的问题，每处理一个问题就是在增加一个维度，而中层比起高层、基层来说，处理复杂问题的难度大多了，所以我把当中层干部看作是最好的学习机会就是这个道理。

第二个特点是业务与管理的两难。中层干部多少都会遇到这样的两难，管理工作的特点决定了你不能放下业务，没有人会接受一个自身业务很糟糕的人来做领导，尤其教导处，这个部门本身就是个业务部门。你既要钻研业务，又要搞好管理，暂且不论工作量增加多少，光是两个不同领域的事交织在一起，转换起"频道"来还真不好办。可是如果你为了业务，而导致管理上松弛或不到位，那还不如不当干部；相反，如果你管理上很努力，却"按下葫芦起了瓢"，你的课上不好，班带不好，那么你的管理也就缺乏说服力了。

第三个特点是创新与守成的两难。中层干部要创新，可又要守成，因为你不创新就不能从根本上解决问题，可是又不能不守成，作为执行层，学校现有的管理制度和工作流程非常重要。有时候创新多了，破坏了工作的稳定性，导致老师们抱怨，会批评你热衷于搞花架子而不务实；而守成多了，会像一潭死水缺乏活力，也无法推动工作改善和问题解决。

第四个特点是"短、多、琐、浅"。什么是"短"？中层的工作大多是在很短的时间内就必须作出决定。什么是"多"？就是事情很多，忙个没停，而且常常不是你去找事做，而是事情找你做。什么是"琐"？就是琐碎杂乱，鸡毛蒜皮的小事都会找到你，不去处理还不行。什么是"浅"？就是所做的事多半没有太大的技术含量，往往来不及思考就要处理，或者根本无须思索就可以应付，时间长了就容易按惯性去工作，整天当"救火队"队长，长此以往便失去了思考能力。

中层管理者的以上四个特点，容易引起你的不良反应，你要小心提防，切不可出现以下症状：

症状一：消极应付。领导布置下来的工作到了你这里，就被吃了，胡乱应付一下就交差完事。计划总结写得很漂亮，头头是道，可事实上根本就没有执行。

症状二：忙就是好。如果你以后习惯忙碌了，认为既然忙碌就是中层领导的常态，那好吧，就不动脑子了，反正越忙越好，领导把你的忙看在眼里，还一个劲儿地夸你，于是你就不再考虑今天忙得是不是有效率，是不是有价值。

症状三：归罪于外。一旦工作出了差错，就把问题往外推，推给校长、其他部门或者下属，你总是把教师不行或领导错误之类的话挂在嘴边，实际上是不愿意承担责任或者是无能的表现。

应对两难

症状四："等、靠、要"。虽职位不高，可老爷作风倒挺严重，一说起改革，一提起要做哪些新事，就开始发表结论性意见：条件不够。可是你知道吗？好的中层领导总是会去创造条件，而不是等条件具备了再说，也许某个条件是永远也不会具备的。小陶，当条件都齐了，你们有世界上最好的设备，最丰厚的工资待遇，最优秀的教师队伍，最天才的学生和最负责任的家长，那么请问还要你们这些管理者干吗？

症状五：局限思考。中层干部在某个部门工作时间长了，就忘记了部门的工作目标，忘记了部门目标与学校目标的一致性，开始为本部门谋起了利益，导致了部门分割，相互不配合，甚至出现部门之间相互推诿扯皮、拆台等现象。

小陶，虽然在中层岗位任职会遇到不少困难，我还是希望你能通过努力，克服以上五种可能的症状，千万别做一个糟糕的中层干部。

要防止自己成为糟糕的中层干部，我认为当务之急是要把握自己的角色定位，避免发生错位现象。导致中层行为糟糕的原因，除了中层岗位本身的特点以外，个人的角色错位显然是主因，你要提防。

首先，不要把自己当成是"民意代表"，常常抢在教师前面为教师争取这个争取那个，替教师出头。我在前两封信中已再三强调，你是校长的代表，你要对你的上司负责，可你偏要像个工会主席一样处处代表教师，那就错了。一个中层干部总是想着要替教师出头，率领群众与领导讨价还价，真以为自己成了群众领袖了，殊不知你很有可能被教师利用了。

其次，错位成"自然人"，混在教师中间，对学校决策议论纷纷，对校长的决定冷嘲热讽，把自己混同于一个普通教师！教师们有话愿意同你说，并不是因为你能代表他们，而是因为你被任命在中层职位上。下属在向你抱怨的时候，他其实是在向学校抱怨，而你在这个职位上，就应该向下属解释和说明。而有些中层干部往往说这是校长定的，上面就这么要求的，或者说你去问校长吧之类不负责任的话，就说明这样的中层"政治素养"太差。什么是"政治素养"？我想大致是说你从担任干部的第一天起，你在下属面前的行为就是一种职务行为，你代表学校出现在教师面前，而不是代表你个人。如果你会上不说，会下乱说，就是把自己错位成"自然人"的典型。

最后，错位成"事务员"，在下属面前你的角色应该是管理者、领导者，应该是游戏规则的制定者和维护者，你的日常主要工作就是计划、组织、协调、控制，通过他人来达成组织目标。可你事必躬亲，大事小事一起抓，事无巨细，自己很辛苦，往往越干越被动。结果呢？大家都认为你这个干部特别能干，可是学校只要你一个人能干就够了吗？

小陶，只要你一天没把握好角色，你当这个中层干部就一天不得安宁。角色管理是身为中层干部需要面对的第一个重要问题，也是你上任后的第一项修炼，期待着你能完成这项修炼。

你的老师　郑杰

8 拓展空间

小陶：

你好！

上次与你通信，我非常强调角色定位的问题，我认为那是一个中层干部的一大修炼。你在回信中向我提出了如何与教师们相处的问题，你认为给自己定位不能不考虑到下属的因素。对于一点，我很认同。你觉得自从当干部以后，原来的那些朋友就渐渐疏远你了，自己的导师也开始对你爱理不理了。我想，你应该关注这个问题，因为这涉及你生存空间的大小。

校长器重你，给了你成为一个中层管理者的机会，让你在这个舞台上发挥，可是到底有多大的发挥空间，已经不完全取决于校长了，也不完全取决于你本人，而常常是由你的下属决定的。如果他们心里不接受你，不认同你的领导和管理能力，那么校长再信任你也是白搭。

你说你的那些小姊妹好像开始疏远你了，我并不认为那有什么不正常，如果她们是你真正的朋友的话，一开始她们应该热烈地祝贺你，而后主动与你保持一定的距离，那才是大好事。如果她们做不到这一点，反而会对你造成不利的影响，所以你得对你的朋友们把该说的话说明白，你得告诉她们从今往后公事归公事，私事归私事，下了班大家在一起绝不谈或者少谈公事，尤其不应该在一起就评论人，传播小道消息，这样不好。

至于你的导师对你也爱理不理，我想这可能就是你的问题了。你是青年教师，导师是学校给你配的业务上的指导者，有这份师生缘在，你要经常把导师放在心里，过年过节要去探望她问候她，与自己的导师保持亲密关系只会增强别人对你的敬意。如果你的导师与你疏远了，那就是你的不对了，你得主动靠近她，让她知道你虽然当了干部，可你对她的尊重是永远不会变的。

我担心的其实不是你的朋友和导师，因为你与他们有感情基础在，所以这些应该不成问题。我倒是认为其他一些问题反而会压缩你的生存空间。其中最大的问题就是你所领导的人。

作为教导主任的助手，教研组长是你所领导的人，可是他们不容易被领导。一般来说教研组长都是资深教师，他们往往教学成绩突出，教学能力强，是为学校添光增彩的人，所以很被学校领导器重。你想象一下，如果两个人中必须要得罪一个的话，一个人是你，还有一个是教研组长，你说校长的天平会倾向谁呢？更何况，教研组长往往在教师中，尤其是在本学科教师中的非职务性权力较大，深孚众望，得罪教研组长那还了得？那不就得罪了一个组的老师吗？这就是说，你的生存空间的大小，关键要看这些教研组长们对你的认同，你得让他们逐渐忘记你的年龄和资历，得把你这个管理者的形象树立起来。

那么，怎么树立管理者形象呢？

我想，在你迅速熟悉了自己的日常工作之后，你应该将注意力放到与教研组长们的沟通中去，你是新任干部，对资深教师的沟通应该是"点对点"地进行，而不应该是"点对面"地进行。所谓点对点是指一对一地交谈，要找个安静的地方，这个地方一定不要有任何人打扰，而后要非常诚恳地请求他支持你的工作。我想，越是老教师越是资深教师，心中越是有一种"母性"，他们愿意看到你成长，是愿意帮衬你的。他们最不能接受的是你的傲慢和盛气凌人，所以，你必须注意，无论何时都要给他们足够的尊重。尊重，并不全是在语气上，在你下达一个决定或者任务之前，应该先与他们通个气，有时候他们反对你不是因为你的决定或者布置的任务不正确，而是因为你的方式不正确。

在第一次与他们点对点的交谈中，你应向他询问教研组运行的情况，尤其是要关心他在工作中还有哪些困难和问题。记住，在他向你诉说时，你只需聆听，不要插话，更不要把自己的话匣子打开，也不要表扬他，以显得自己很了不起，你只需微微点头，让组长感觉你像个学生一般，你与他的第一次沟通就算是成功了。我相信，组长们都会给你一些忠告，他们会对你说：小陶啊，好好干，你前途无量啊，我们肯定会支持你的云云。你得让他们有摆老资格的机会才对。

在听他们介绍教研组工作时，你应该观察他这个人，而不完全是工作。在点对点的交谈过程中，就是一个你观察他们的工作态度、志向、教养、能力的机会，岂能轻易错过？你得对他的能力和对你的态度两方面作出评估。依据这两项，你可以把他们分为四种人。

第一种人，也是最好的那种人，他既有能力又支持你的工作。如果教研组长都是这样的人，那你晚上睡觉都会笑出声来了。

第二种人，他能力不行，可是他对你很热情，不断地表态要支持你做好工作。对这样的人，你也应该满意了，因为他不会威胁到你，如果他能力不强而你又在日后的工作中多多理解他帮助他，他会对你感激不尽，愿意为你尽犬马之劳。

最值得你注意的是第三种人，他能力强却有些瞧不起你，对你的态度比较消极。在他眼里你只是个"小屁孩"，他根本不在意谁当助理，主任甚至校长也不会入他的眼，尤其是那些已经功成名就的特级教师之类的，更容易恃才傲物，不可一世。也许你做不到让他事事支持你，可你一定要做到别让他事事反对你，否则你会很惨。所以你要设法尽快改变他对你的态度。解决的办法有两个：一是寻找新的机会再次与他沟通；二是设法把他调离教研组长岗位。估计后者你是做不到的，那你就琢磨琢磨如何与他拉近感情的距离吧！而且要快，必须在一个月内解决。因为对一个新干部来说，工作没有成果继而失败的最重要的原因就是没有搞定这类人。

第四种人基本可以忽略不计，他本身不能干，而他对你的态度也一般。这些人基本上只是混日子，做一天和尚撞一天钟，你要远离这类人，否则对你的声誉会构成不利的影响。放心，这种人不太会给你制造麻烦，而且用处也不大。在教研组长队伍中如果还有这样的人存在，那这绝对不是你的问题，而是学校的问题了。

对你所领导的人，你要了解他们每一个人的底细。以前你是一个普通教师，你没有必要把每个人的背景情况都打听得清清楚楚，可现在不同了，你是管理者，管理者可不能两眼一抹黑啊！这就如同我们教学活动，总得从了解教学对象开始，否则怎么可能教得好？所以，这方面的功课你要肯花工夫去做。

什么能拓展你的生存空间？是你的那些真正的朋友、你的导师和那些教研组长们，让他们与你结成工作中的同盟，无论对他们还是对你自己都是有益的。

你的老师　郑杰

9 强力部门

小陶：

你好！

好久没有与你通信了，知道你很忙，我能理解。昨天你来信向我报喜，说你担任助理工作已经满一个月了，虽然校长没怎么表扬你，可是无论分管副校长还是你们的老主任，都很欣赏你。听到这个消息我很高兴，为你骄傲。靠你的努力和悟性，在短短一个月里就胜任了工作，这说明你确实具备成为一个好干部的潜质。

你在信中说，与你同时被提拔的还有一个小伙子，他被分配到政教处担任主任助理兼学生团委书记，他就不那么顺利了。你说他的工作积极性非常高，总想着把学生活动搞起来，让学生的校园生活更为丰富多彩，可是那些班主任不仅不支持他，反而还联合起来反对他，抵制他主办的学生活动，最狠的一招就是把学生关在教室里不放人。令他不满的是，政教处主任和分管校长谁都没有帮他一把的意思，他感觉很委屈，甚至想辞职不干了。

我担任过三年的政教主任工作，很理解他的感受。相较之下，你的运气比他好多了。为什么这么说呢？因为在学校里，谁都知道教学才是真正的专业，而德育工作基本上就是个可有可无的体力活，或者只是唱唱跳跳搞些没有技术含量的活动而已；因为人们对教学和德育的认识上的偏差，导致教导处和政教处两个部门的地位不同。小陶，部门的地位如同干部的地位，并不全是事先设计和安排的结果，地位是人们从心底里作出评估的结果。比如说教育部和外交部，这两个部的地位从设计和安排上来看是一样的，都是部级，都在总理领导之下，无所谓地位高低，可实际上在我们心目中，总觉得外交部的地位更高些。

教导处可以说是学校的心脏，而政教部门只是手足，虽说德育为核心，或者德育为首，可谁都知道教学是学校的中心工作，德育工作干得好不好，关键看能不能为教学服务，能不能为教学保驾护航，能不能为抓好教学质量提供秩序和安全。于是常常出现这样的情况：当教学出成绩了，功劳在教学部门，而教学一旦出问题了，却要拉着政教部门做垫背。所以政教部门喊冤是不少学校都会见到的场景。

由此看来，你被派到一个强力部门工作，而他却被派到弱势部门了。不过这并非偶然，即使你们两个年轻人同样优秀，可毕竟性别不同，他是个大男人，身强力壮的，他不去干那苦差事谁去？尤其对你们这类学校，学生调皮而又不爱学习，真该把精力充沛能力超群的干部派去抓德育，否则怎么"镇压"得了呢？

不过从表面上看，他没有你那么幸运，似乎你的起步比他好，而且他目前刚上任就招来别人的不满，可是干部成长的过程，是长跑，比的是耐力，虽然他的职位有些吃力不讨好，但政教部门的干部脱颖而出的机会比较多。德育活动比较频繁，对外展示的机会多，特别是一些应时应景的活动，一旦经过精心组织而动静闹大了，往往会引起更上层的领导们的关注，前途不可限量啊！

我当时被提干时心中也有些不满，明明我的教学能力优于我的班主任工作能力，为什么不让我当分管教学的副主任却偏让我管德育？我甚至嫉妒那名年轻的女教导主任。可现在想来我感到很幸运，因为我在德育中的法制教育这一方面表现得抢眼，锻炼了我驾驭全局和独当一面的能力，于是早早地就被提拔为副校长、校长了，而她至今还在当教导主任。我说这些话的意思不是为告诉你升迁之途，而是想揭示一个事实，这个事实就是干部中出身"团系"的会多些，但并不完全是因为他们能力强，而是因为机遇佳。我也不是说你的岗位就一定没有前途，事在人为，你只要抱定了学习和成长的目的，那么在任何岗位上都是能够成功成才的。

在这里，我要引用约翰·肯尼迪的话作为对你的忠告："不要问你的国家能为你做些什么，而要问你能为你的国家做些什么。"现在，你的学校已为你做了——交给你一个管理岗位；那么你能为学校做些什么？我想这句话对那位受委屈的团委书记来说也同样适用。只要明白了本部门的任务是什么，而且它确实是值得去做的，就不要和别的部门比，这样你才会对自己所做的一切坚信不疑，才能体会到工作的乐趣。

在此，你应该考虑以下两个问题：

（1）你们部门凭什么在学校里占一席之地？

（2）不管从事何种工作，在事实和理论上这些工作都能由别的单位来代替，为什么要由你们部门来完成？

第一个问题，你的回答应该是：因为推动了教学改革，因为提高了教学质量，所以你们部门才有一席之地，否则你们一无用处。而政教部门的回答应该是：因为抓好了行为规范，保障了学校秩序和安全，促进了学生的道德成长，所以这个部门说话才响亮。不过，政教部门主持的活动居然引起那么多班主任的强烈反对，似乎与人们对这个部门的期待有关。团委书记确实要组织活动，但如果这些活动只是形式主义的活动，对学生道德成长并无益处，反而占用了学生大量的学习时间，那么这个部门的工作越努力则越不能赢得支持，其地位只会每况愈下。

第二个问题，教导处的工作如果只是完成上传下达的工作，却不能分析目前学校教学中存在的问题，也拿不出什么好办法来提升教学质量，就会沦为一个事务性的部门，变得可有可无了。而多少年来学校本无政教部门，只是为了加强德育，使管理上分工更细、效率更高，才成立了政教处，可是如果有了这个部门反而效率更低了，经常与其他部门扯皮或争夺资源，包括资金、人力和时间等，甚至开始为本部门谋取私利和权力，那何必要成立这个部门呢？还不如废了，反倒省人省事。

小陶，我今天的回信是在与你探讨部门的定位问题，如果你们教导处符合以下几条，便是所谓的强力部门。

（1）效率。即你们部门用的人员少，占用的资源更少，而为学校所作的贡献更多更大。

（2）质量。即你们部门为教师和学生提供的服务更好。

（3）负责。即本部门比其他部门更负责任，更令人尊重。

（4）技术。即本部门所掌握的教育教学方面的专业知识或技术多于和优于其他部门，甚至只有你们部门才能提供。

在学校里，强力部门只能有一个，当你们部门成为了强力部门，作为这个部门的主任助理，你的权力影响就会扩大，你的生存空间也就更大。而要获得这些优势，一是靠你们学校的总的决策，但更重要的是靠你们教导处这个工作团队自身的努力。

下次来信，跟我说说你们教导处吧！

你的老师　郑杰

10 内部分工

小陶：

你好！

来信收悉。你在信中介绍了你们学校教导处的现状，通过你的介绍我已有所了解。（1）教导处共有5人，有两个主任，一正一副，还有一名主任助理，就是你；教导处有两名干事，一名负责排课表，还有一名负责学籍管理；（2）有一名教学副校长分管教导处，而教导处管着教研组，教研组长管着各年级的备课组；（3）教导处管着以下一些事：教学、教研、科研、教辅，教学辅助方面的事比较多；（4）教导处人员心很齐，讲团结，有事大家一起干，氛围很好；（5）校长和分管校长很信任你们，放手让你们自己干。

我读了你的邮件后大致理出了这几条，供我们今天讨论用。

第一，我先谈谈人心齐、讲团结的问题。人们普遍认为，内部团结是一个部门有效工作的前提，但你也不能把它绝对化，这要看团结本身建立在什么基础上。因为有些基础是脆弱的，比如说人情关系，当我们把团结建立在人情上，通过感情沟通来达成相互谅解从而形成共识，虽然可以很和谐，可那是靠不住的和谐。有比"团结"更准确的词来描述部门内部的关系，那就是"合作"。因为团结主要是指人心齐，大家劲往一处使；而合作是指人们目标一致，却各自有所分工。两个词的区别主要在于后者更强调分工，将分工视为合作的前提。比如说打篮球，球队内的篮球运动员当然要讲团结，大家人心齐，劲往一处使；可是真正要获胜，还得各有分工，每个人在球场上完成自己的工作，前锋和后卫，工作任务不同，所需的能力要求也不同，可球队少了任一"岗位"都不行，所以要合作。另一项团体运动是拔河，一支拔河队伍要取得胜利靠什么？可能更多的是靠团结吧，因为这项运动并不复杂，主要靠的是体力，所以基本不需要分工，那也就不用讲求合作了。

教导处是学校最重要的业务部门，应很好地体现专业性，你们不是卖苦力的，因此要强调在分工的基础上合作，而不能仅仅满足于团结，更不能靠庸俗的人际关系来维系这种团结。

第二，我想谈谈教导处的职能问题。作为一个教学业务部门，你们应该承担哪些工作呢？主要有以下四块工作：

（1）事务性工作。比如说排课表、学籍管理、教师的教学业务档案等，这些工作一般都应该由事务员或干事来做，你们几个部门领导不用亲自干。事务性的工作中会有一些突击性工作，如迎接上级督导检查之类的，你们部门可能就需要加班准备材料，不过这些工作也不应该是你们的主要工作。

（2）过程性工作。就是日常教学常规检查，这类工作会花费你们比较多的时间和精力。可以把日常检查分两种：检查教师到岗情况，看教师有没有按课表到教室上课；检查教师遵守日常规范情况，如检查备课和作业批改，随堂听课，等等。

我想你们也不必什么都去检查，一天到晚没完没了地检查评比考核，让教师感觉到自己的工作不受尊重，感觉领导不信任他们！我认为检查多了就是在"扰民"，为对付你们的检查，教师往往会造假来应付。小陶你要记住，外部压力越大，人们越容易牺牲道德，我想你们也一定很反感上级没完没了的检查吧！

什么是必须检查的？一是对存在较大问题或较大隐患的教学环节进行检查，也就是说你们的过程监控应该是有重点的，是出师有名的；二是对那些教学质量低下，或者你们认为教学质量存在隐患的教师或教研组，你们是必须严格检查的。即使是必须检查的项目，也不是说非得由你们几个主任亲自出马，可以让教研组长去执行检查任务，而后你们再对他们的检查进行检查。说实话，即便是你们亲自检查，就一定能查出什么来？你是教语文的，现在派你去查数学教师的备课本，你除了能评价他的字写得好不好，别的还真说不出个所以来。所以在教学过程监控中要紧紧依靠教研组长和骨干教师的力量。

（3）建设性工作。教研和科研属于建设性工作，因为教学活动需要人的创造力。如果说过程性工作决定着你们现在的教学质量，那么建设性工作就决定着你们未来的教学质量。教导处会不会将这项工作放在一边，每天忙于应付事务性工作和过程性工作？

（4）发展性工作。这是一项关乎教师专业发展的工作，我认为这是教导处这一教学业务部门最重要的工作了，即使其他什么也不做，你们能将教师培养好，这就很了不起！这么重要的工作你们倾注了多少时间和精力？

从管理职能上看，最糟糕的教导处做事务性工作，好一些的做过程性工作，再好些的做建设性工作，最棒的教导处关注教师的专业发展，做发展性工作。

第三，谈谈你们部门分工问题。你在信中说你们几个"有事都是大家一起做"，我认为如果要提升你们部门的工作效能，不应该有事大家一起干，而应该各干各的，而且每个人都把自己手中的工作做到最好。

刚才我谈到教导处的职能问题，我认为你们三个人应该有个明确的分工。怎么分呢？在我看来，最佳的分工是把教导处工作分为两块：一块是事务性和过程性的工作；另一块是建设性和发展性工作。这么分的话，将使前者更关注于质量而后者更具开创性。有些学校从教导处中分出了教科室，我认为这是合理的，因为这能使相关工作更为专业。

如果你们学校没有从教导处分出教科研部门的设想，并不妨碍你们内部把工作职能作更合理的区分。你可能会觉得奇怪，我为什么竭力主张你们分工？其实我除了认为分工之后会更专业和更具效率之外，还牵涉到另外一个重要问题，那就是管理方式问题。如果管理方式可以分成阴阳两类的话，那么事务性工作和过程性工作是属阳的，而建设性工作和发展性工作则属阴，属阳的工作需要管理者指挥、评价、奖惩，刚性的动作多一些；而属阴的工作则需要管理者指导、服务和协调。如果阳和阴两种管理方式用反了，你想象一下会发生什么？毫无疑问，阳的管理方式可以保证质量，而阴的管理方式对创新是有益的。

第四，分管校长不怎么管你们，我认为这没什么不好。校级干部是学校的决策层，他们的主要工作是作决策，而教导处是执行部门，如果决策层替你们执行部门做事，执行部门又替操作层做事，而操作层闲来无事讨论讨论学校大事，我并不认为是件好事。

只有在以下情况下，你们学校的校长或分管副校长应该主动干预教导处的工作：对教导处的定位和职能不明确；工作中没有计划性；工作没有标准也无法考核；内部或外部环境的急骤变化；操作层存在太大的问题而你们根本不作为；你们管理能力不强或未经任何培训；你们不愿意承担责任或风险；行政会议低效而不能解决问题。

最后，我想对你在的这个部门的工作提若干建议：

第一条，无论你们部门内部如何分工，你不要拒绝任何工作，因为作为主任助理，你有责任辅佐两位主任的工作。

第二条，你得将教学管理看作是一个专业，对于如何进行过程管理，如何做好教研和科研管理，如何促进教师专业发展，你要成为回答这些问题的专家。

第三条，不要陷在事务堆里，要学会授权给干事和组长、老师们。

第四条，你得主动寻找问题，因为真正推动教学改革和教学质量提升的不竭动力就是教学中存在的真问题。

你的老师　郑杰

11 领导风格

小陶：

你好！

得知你把我关于部门内合理分工的信转给你们的两位主任读了，你们教导处因此有了合理的分工，我感到很高兴。你在来信中说，两位主任评价了一学期来的工作，说你还不够大胆泼辣，对教师不够严格，你想听听我的意见，是不是要表现得严厉些呢？

小陶，以什么样的姿态面对下属，有时候并不是你能决定的，不是你愿意严厉就可以严厉的。根据权变理论，你本人的成熟度很高而你面对的管理对象成熟度很低，那么你可以指挥他，比如你已经是工作了几十年的老干部，而对方是一个刚走上工作岗位的青年教师；反之，你如此年轻，而且只是主任助理，而对方的成熟度比你高多了，是个老教师，你就不能指挥、命令他的，只有支持他、授权给他。所以即使你是一个严厉的人，你也不可以做严厉的事。你的两位主任告诫你，希望你管理作风硬朗些，但就我对你高中时代的了解，这本身不是你的风格。

我想，平时工作中你会呈现出两种行为，一种是指挥行为，还有一种是支持行为。所谓指挥行为，就是指挥下属去做某事；所谓支持行为就是不通过指挥和命令，而是通过比如提建议、给他反馈、劝告等方法，不是在强迫下属，而是以支持他们工作的行为来管理下属。你可以对照一下，看自己属于以下四种中的哪种风格：

（1）指挥型的管理风格。你习惯于通过给别人下达命令或者指示的方式让他们按照你的指令去办事，最后达到你所指令的工作目标。这种风格的人有较强的支配欲，满脑子装的都是工作。

（2）教练型的管理风格。你同时兼具指挥行为和支持行为，两种行为都比较显著。我认为一个好的管理者，理应首先是个教练。据一项来自企业的研究，企业员工70%的工作能力实际上是上司在工作当中以教练的方式教给他的，我没有找到学校的相关研究，但教师成长与他的上司的相关性一定不会低。什么是教练？想象一下教练在做什么，一个好教练，一方面通过支持性行为，另一方面也通过指挥性的行为来实施、引导运动员的行为。

（3）支持型的管理风格。你对教师的支持性行为很强，很愿意帮助他人，可指挥性的行为却很弱。支持性强的人很能成为下属工作中的伙伴和生活中的挚友，你会保持谦虚的态度，不给他们答案，也不给他们出主意，但是往往会告诉他们需要改进的地方，为了完成目标，允许他们有自己的思路。支持型管理风格的干部会比较受下属欢迎，因为这种风格的管理者总是在下属工作完成时给予他们赞赏和表扬，从不批评他们；这种干部很能体谅人，从不布置超过下属能力所及的工作任务，在下属遇到工作困难时能帮助他们，甚至还帮助他们解决个人问题；即使发现下属的做法有些冒险或者与众不同，仍然会给予他们支持；不一定要下属非按照自己的意思办事，有时下属工作中变更了计划，也能容忍。根据我对你的了解，你的管理风格很有可能属于这一种。

（4）授权型的管理风格。这是一种支持性行为和指挥性行为都比较低的情况。如果你属于这种风格，你会给下属一个明确的授权，让他们自己去达成目标。在他们做事的过程中,你不会去干预他们,只要他们把事做成就行。

我所说的这四种管理风格,它们本身并没有什么好坏之分,适合的就是好的。比如你刚上任而且担任助理工作,你的这种支持型管理风格就是好的,而如果你担任了主任并管着事务性和过程性工作,那么就不适合了。你完全不必在意你的领导对你管理风格上的意见,因为管理风格不是可以模仿和学习的,而主要是由你个人性格决定的,对此你无需焦虑和改变。做你自己吧,当你的管理越是你自己的,而不是刻意证明出来的,就越容易让你的领导和下属适应你的风格。

我期待着你在管理实践中,不断锤炼自己,让自己更胜任工作。

你的老师 郑杰

领导风格

能力本位

小陶：

你好！

你来信说，你们学校即将正式举行中层主任岗位的竞聘，你问我什么岗位适合你。我觉得你可能比较适合做教科研方面的管理工作，或者说是建设性和发展性的管理工作。如果你同意上次我对你的管理风格的断语——支持性的管理风格，那么你比较适合教科研部门。不过最了解你的还是你自己，清晰地了解自己的管理风格，对自己未来的发展定位是有益的。

我认为有比管理风格更为重要的素质，那就是你胜任管理工作的能力，姑且称为胜任力吧。你得趁着竞聘的机会好好评估一下自己的胜任力，有些人毫不费力就能把事情做成，而且做得比别人更出色，主要赖于其过人的能力。如果贪恋干部岗位的名声，在能力不够的情况下硬是要参加竞聘，一旦当选后，你的苦日子可就来了。所以我建议你先自我评估一下，若能力不够的话，那还不如在主任助理岗位上继续锻炼为好，切不可勉为其难。我先列举一下若干胜任力供你自我评估：

第一是你完成任务的能力，也叫执行力。能否有效地完成任务，是一个中层干部胜任管理工作的第一大能力。如何衡量你这项能力强不强呢？我认为主要有"三看":一是看工作目标,能向教师清晰明了地描述具体目标,你能预见到可能出现的反对意见,并妥善解决;二是看工作过程监控,在布置完工作以后,你能跟踪教师工作进展情况,在跟踪过程中,你能主动地发现问题和解决问题,而不是被动地等问题来纠缠你;三是看工作质量和效率,你总是设法以最小的资源消耗来完成某项工作;你能够快速、高效地适应环境变化,并且不断改进自己的观念、行为和方法;你注意细节,重视工作品质,尽善尽美,不放过任何缺陷。

第二是你的人际交往能力。如果你这方面能力强的话,推动工作就会更得心应手,如虎添翼。衡量这方面的能力主要有两项:一是倾听和理解他人的能力,你能全身心投入于服务他人、满足他人的需求,你能倾听他人的想法和忧虑,并且不会以让他们感受到威胁的方式与之探讨敏感问题;二是沟通与协调能力,你能与大多数人建立良好的关系,与各种类型的人融洽相处,你能解决人际冲突,能令冲突的各方都感到满意、都感到受到重视。

第三是与个人素质提升有关的能力。比如说你勇于承认错误,并对自己的行为负责;你平时不那么急于维护自己的面子,也不喜欢指责其他人,或找借口开脱自己;比如说你能不断寻找有利于自身成长和发展的机会,能把自己置于富于挑战性的环境中;比如说你能够鼓励那些乐于发展自己、乐于不断学习和成长的教师;再比如说你能在压力极大的情况下,在风险很高而形势又不明朗的情况下作出决策;你在适当的时候能控制自己的情感。如果这些你都能做到,说明你的自我发展能力很强。

第四是与培养教师有关的能力。如果你想应聘教科研管理方面的职位,就得好好估量一下自己这方面的能力。我认为主要有三个方面:一是你对教师的了解,你能对每个教师的长处和弱项作准确的反馈,并帮助他们扫除成长和发展过程中的障碍;二是看你的授权能力,你能把工作分配给合适的人,以便让他们更好地发展;三是看你的激励能力,你能鼓舞士气,能帮助教师调整工作状态，能最大限度地调动他们的工作积极性。

以上这些中层干部的能力，可能每个中层岗位上的权重次序是不一样的，比如说事务性工作的管理岗位，排第一位的是完成工作方面的能力，而发展性工作的管理岗位，排第一位的却是激励和培养员工的能力；如果是政教处的职位，尤其是学生行为规范水平比较低的情况下，可能是人际交往的能力更为重要了。

有许多因素在影响着你的能力，我罗列如下，供你参考。

其一是你的信念和价值观。你对自身、他人和世界的看法对你的行为有着巨大的影响。如果你没有确立服务观念，你的人际关系能力就很难提高；如果你缺乏质量第一的观念，那么你完成任务的能力就得不到提高。

其二是你所受的培训。虽然中层干部事实上已经是学校管理者，可是长期以来大家还是没有认识到管理技能是区别于教育教学技能的特定技能，所以常常得靠上岗后自己摸爬滚打去积累经验和教训，可是这却对干部本人的天分和悟性提出了挑战，如果天赋不足、悟性不够，管理能力可能一辈子都提高不了。

其三是你的工作经验。许多能力的提高都是在实战中完成的，需要具备相当的管理经验。但也不能过分夸大经验因素，因为工作经验只是掌握某种能力的必要条件，而非充分条件。

其四是你的积极性。你自己的学习愿望很重要，因为人们想得到的东西会极大地影响他们实际得到的东西。有时候，外部对你的鼓励、欣赏、认同和注意力都会影响到你的积极性，比如我与你通信，与你讨论管理问题，显然可以提高你的学习积极性。

其五是你的情感因素。如果发生情感上的阻碍就可能会限制能力的获得，比如你害怕犯错误、怕丢面子、怕不受欢迎、怕没有归属感等这些消极情感，都会限制你的积极性和主动性的发挥。

其六是智力因素。如果你很聪明，你的能力提高得就会更快些，有好几项能力是靠智力作底子的，比如概念思维能力和分析思维能力，这些能力不太可能通过任何形式的干预得到大幅度的提高。

有些能力你现在不具备也没有太大关系，比如培养他人的能力，这是一项比较容易培养的能力；而有些能力你一旦欠缺，希望自己上岗以后再培养起来的话，就会十分困难，比如完成工作的能力，如果这方面能力缺乏的话，再怎么培养也不管用了。

好了，关于你是否应该参加竞聘，我今天就先说这么多，相信你会作出正确的选择。等你的回信。

你的老师　郑杰

能力本位

13 创新改革

小陶：

你好！

来信收悉。你决定参加中层干部竞聘，我相信这是你经过深思熟虑的结果。你在信中说："这将是我挑战自我的机会。"我赞同你的说法，人有时确实需要通过迎接某种挑战，来验证自己的生命力量。

我在当校长的时候，推行了学校的中层干部竞聘，我认为竞聘制度能使干部认识到，是"我要做"而不是"要我做"。但干部竞聘上岗的真正目的是要选出富有潜质的学校管理者，虽然竞聘程序可以解决工作动机问题，可未必能解决能力问题，可能有些不具备干部能力但却受教师欢迎的人当上了干部，这样的结果对学校、教师和干部本人来说都不是一件好事。我不知道你们学校策动干部竞聘的初衷是什么，不过无论出于什么样的目的，既然你决定参加竞聘了，就得好好准备。

你在信中问我，竞聘中应该注意什么。我认为你肯定要利用竞聘的机会充分展示自己的才华，在一些重要的问题上，你得发表自己的观点。不过要注意，不要把"表现自己"变成"证明自己"，前者是自然的、恰当的，而后者则是牵强的、造作的。

在竞聘演讲或者答辩过程中，一定要阐述自己对未来工作的构想，少不得要体现一定的创新性。尤其你是一个青年教师，人们会对你的创新性抱有格外的期待，特别是那些专家评委，他们可能将改革与创新看得比务实精神更为重要。我认为，你在准备的时候，应将创新集中在教育教学业务领域，而在管理方面，则要慎言创新。管理领域内的改革和创新，往往是校长主持和策动的，你作为中层干部候选人不宜多谈。而且，你对管理的创新构想，常常会使听者产生某种联想，认为你对目前的管理不满，这会对你产生不利的影响。

此外，管理领域内的创新行动，不宜在一个稳定而确定的环境内实施，否则风险过大，反而破坏了学校原有的和谐氛围。小陶，管理领域内的改革往往会触及教师的利益再分配问题，所以你要慎之又慎，而教育教学领域内的改革，虽然对教师的观念构成挑战，可不至于伤筋动骨，造成人心动荡。管理方面的改革和创新，只有在一个不稳定、不确定的环境中实行，才有可能取得成功。当年我在当校长时所作的改革，甚至都是在非改不可、迫不得已的条件下展开的。而在稳定的、确定的条件下，程序比变革更重要。我希望你能记住这一点。

基于你表现自我的目的，以及对创新的理解，我对你备战竞聘活动，提出以下建议：

第一条，你应该承诺进行不断改进。你要向所有人表明，你是一个愿意作出改变的人，但是你并不鲁莽，你更关注点点滴滴的改进，只有不断地改进，才会带来真正的创新，每一个小小的脚步，早晚带来一个巨大根本的变革。你应该让人们都认识到，学校成员之间以及学校成员与社会其他成员之间的相互适应、相互协调、相互平衡、相互整合的那种关系与作用才是真正的改革的基础。

第二条，你应该承诺坚守学校文化。对学校的历史文化传统你应该十分了解，对学校提出的办学理念、培养目标和办学愿景，你都能作出正确的解读。作为一名中层干部，对学校文化方面的无知是非常可怕的。

第三条，为提高教师工作满足感承担一定的责任。提这条建议并不是要你在竞聘时取悦教师，帮助教师克服焦虑以获得更大的工作满足感，而是中层领导的一项责任。因为教师的大部分焦虑来自于管理者的不当管理。就简单工作而言，对员工全面的、直接的监督是有效的，可是教育教学工作本身很复杂，与其他简单工作相比，学校工作常常是不确定的和非线性的，因此这种工作情景和特性本身容易使教师产生焦虑。所以，对于学校管理者而言，如何控制这种焦虑已成为一个至关重要的命题。

第四条，承诺与教师建立伙伴关系，帮助教师之间也构成伙伴关系。当前教育的一个重要问题就是如何在教育变革和学校稳定之间取得平衡，而结成伙伴关系是建立这种平衡的基础。也就是说，你可以承诺，愿意与教师结成推动教育改革的伙伴，愿意促成教师之间结成伙伴。

小陶，读到这封信，估计你心里会想，郑老师怎么那么保守？不，我并不是保守，我赞同创新，可是我不希望你将"新奇"和"创新"混为一谈。世界上所有的创新，都应该能创造价值，而新奇，却只不过好玩而已。如果青年干部的热情，都只是耗费在对新奇的事物上，那就会使创新变成一场游戏。只是出于对每天都做相同的事情感到厌烦，就去策动改革与创新，那不是在搞建设，简直是在搞破坏了。

我不知道参加竞聘对你来说是否是一件好事，但我相信你自己的选择。这是一个机会，一个让你成长为一名成熟管理者的机会。

你的老师　郑杰

14

享受演讲

小陶：

你好！

你来信说下周即将参加中层干部竞聘演讲，在我的印象中，你是个羞涩的女孩，在我的语文课上，你从来不主动举手发言，请你回答问题，你总是很害羞，红着脸。现在你自己早已当上了语文老师，我不知道你还会不会怯场。

对从事管理工作的学校干部来说，演讲是一个很重要的能力，你的学生时代，这方面的能力比较弱，主要是因为你的信心不足，你还没有学会如何有效地克服自己的紧张情绪。做好一场演讲，除了精心准备演讲内容外，还有两个能力非常重要：

第一是通过语言、肢体动作等方式清楚明了、富于感染力地表达自己的意见、看法或见解的能力。为什么要发表演讲？演讲的目的是要把自己的想法告诉别人，所以在表达上一定要清楚明了；而参加竞聘演讲会，考虑到有一定的竞争性，所以演讲还要有感染力，让评委对你印象深刻。不过，你完全不必为了获得听众的欢迎和喜爱刻意地取悦于他们，我认为你的演讲可以激情四溢，可是还得以理性思索作为坚实的底子，哗众取宠是万万要不得的。

第二是具备较高的体察自我和他人情绪及感受的能力。演讲中你能够通过表情、语气和肢体等非言语信息，准确判断和体谅他人的情绪与情感状态。这就要求你在作演讲准备时必须"备听众"。教师喜爱什么样的领导？他们喜爱以身作则的领导，喜欢务实的领导，所以你得显示出自己在这两方面的决心；听众喜爱什么样的演讲？他们喜爱条理清晰、形象具体、生动幽默的演讲，所以你也得充分展露自己在这方面的才华。

在演讲前，你要在眼前多浮现演讲现场的场面，对场面的浮想越具体越好；你还得想象你站在台上，完全是脱稿演讲，你的语言和非语言表达都无懈可击，你如此有风采，你征服了评委和教师，他们对你刮目相看，人们为你的才华和魅力所折服。像放电影一般在头脑中浮现成功的画面，对你有益。

你应该趁这个机会好好关注一下自己的口才问题，一个好干部必须有一副好口才，只要你当干部一天，你就一天离不开口才。所幸的是，内向性格并不会影响你成为一个优秀的演讲者。口才是有基本功的，口才最大的基本功来自练习，如对绕口令和中外名人的著名演说稿、名篇的不断练习。口才是练出来的。

你可以把训练分为三个阶段，第一阶段是打基础，主要是找一些范文来念，从模仿开始；到第二阶段，你要学习如何声情并茂，能让听你讲话的人有身临其境之感，克服演讲的空洞和乏味；到第三阶段，你不仅要声情并茂，还得配上带有你自己风格的态势语言，那你就很了不得了。

我并不是一个非常优秀的演讲者，但因为常常受邀讲学，所以也有一些小小的心得，现在说来与你共享。

第一个心得，要重视停顿。演讲中不仅要设计讲的时间，还得设计停顿的时间。停顿往往可以表达复杂或微妙的心理感情，也能够加强某些特殊效果。英国有一个著名的政治家赖白斯，他在伦敦的一次参事会上，就劳动问题演讲时，中途突然停顿72秒，结果收到了奇效。一般来讲，在列举事例之前，要略作停顿，能引起听众独立思考；在作出妙语惊人的回答之后，稍作停顿，可使人咀嚼回味；在讲出奇闻轶事和精彩见解之后，在听众赞叹之余，特意停顿，可加深听众印象，引起联想；在话题转移之际或在会场气氛热烈之时，稍稍停顿，可加深听众记忆，给听众以领会抒情之机。有时，恰当的特殊停顿，也可以使你赢得调整情绪的时机。

第二个心得，语速需要变化。以同样的语速一讲到底，是使听众昏昏欲睡的主要原因。我的经验是演讲语速尽量不要超过正常与人谈话的语速，大约每分钟就200个字左右，否则听众难以听懂，也容易使人产生怀疑，误认为你很怯场，显得你不那么稳健。我建议你平时能抽时间多听听音乐，音乐能让你在潜移默化中学会节奏感，会使你的演讲具有音乐美。

第三个心得，要投入情感。虽说我反对竞聘演讲中的煽情性表现，可演讲焉能缺乏真情实感？为了更好地表情达意，你得看着观众，不要有意识地回避目光的对视。在上语文课时我让你站起来发言，可我一次都看不到你的眼睛，如果你竞聘演讲时还那样可就惨了。你有自我陶醉的时候吗？一定有！比如你买到了一件特别合意的衣服，对着镜子照时，你在自我陶醉，那么你在台上时就想象那一刻，你如此投入，旁若无人！对自己的欣赏往往能使你更好地产生情感，抒发情感。

第四个心得，用点儿手势。手势既可以引起听众注意，又可以把思想、观点和情感表达得更充分、更生动、更形象，从而给听众留下更深刻、更鲜明的印象和记忆。我认为手势是最能表现你演讲风格的一种语言，得琢磨一下，对着镜子练一下。许多人一上台就开始念稿子，所以他们不必设计手势，我希望你脱稿演讲，其实是让你去承担风险，但如果你的手势不自然，看着就别扭，那还不如念稿子稳当。

手势是你脱稿演讲时必不可少的点缀，想象一下，一个人呆若木鸡地站在一个地方喋喋不休地讲个没完，肯定不受欢迎。因为，除了你的嘴，就没有一处散发活力的地方，仿佛是个僵化的人。不过我不太欣赏夸张的手势，运用手势要适度，也就是当你的感情、情绪或语言需要特别强调或增强表现力的时候，就顺其自然地做一些恰如其分的动作即可。动作不要过多，像群魔乱舞；也不要一动不动，呆若木鸡。如果演讲那天听众很多，场面很大，你动作的幅度可以大些。

最后一个建议，得要微笑。说实话我在演讲时从来不笑，即便是我在说笑话时，听众都笑翻了我也忍住不笑。可是我的这条经验显然不适合你，你是女士，而且你在竞聘，你得态度谦和。当你在台上与听众面对面微笑的时候，微笑的力量更是不言而喻。所以有句话说：当你养成微笑的习惯后，会发现生活也是玫瑰色的。

小陶，好的演讲无论对听者还是对自己都是一种享受，你应该把上台演讲的那一刻看作是人生的重要时刻。好好去享受吧！别忘了给我寄一张你演讲时的录像光盘。

你的老师　郑杰

15 科学管理

小陶：

你好！

来信中，你说在竞聘中抽到了一道答辩题，是让你谈谈你是如何理解科学管理的。你的回答是：管理只有依靠科学，才能提高教育质量。对你的这一观点，我想发表一下自己的想法供你参考。

科学是一个大家都喜爱，却未必都回答得清楚的词。比如教育界有个著名的语文教师和班主任，在他的演讲中将民主和科学作为主题，我认为很好。我的意思是说这两个词很好，咱们五四运动就提这两个词，可你把他的演讲听下去，却发现他所讲述的内容既不民主也不科学。关于民主，并不是说我做一个老师，我什么也不管就是民主了，这个问题姑且不去说它了；什么叫科学的？你所宣称的成果符合以下三条才是科学的，一是有实验对照的，也就是你至少有两个组，一个实验组，一个对照组，你那实验组的结果与对照组差异显著；二是双盲，就是你那结果不能凭自己的经验去检验，而得另外找个人，不告诉那个人到底哪个是实验组哪个是对照组，如果通过双盲法辨别过，确实存在差异，这才算数；三是可以复制，在你这里获得成果还不算数，换个地方，换一拨人来，按你的方法去做，结果与你一个样。符合以上三条，才可以对外宣称是科学的，否则很有可能是伪科学或者是非典型经验。

现在再来看你的答辩题，让你谈科学管理。你回答说，只有科学管理才有高质量，你的意思是说，如果获得高质量，那一定是科学管理的结果。你的这个观点有两处值得商榷：

（1）关于什么是质量，有很多种说法。我们是如何界定质量的并不重要，关键是如何完成。达到你所说的那种程度，相关因素太多了，管理只是其中一个因素，虽然那是个非常重要的因素。

（2）即使管理是质量的决定性因素，那么是否只有科学管理才有质量？或者说，科学管理就是最好的管理吗？

小陶，我们为什么科学管理呢？科学管理的倡导者认为，科学管理是在追求理性和效率，也就是说科学管理的最终结果是指向于更为有效和更有效率，而指向于质量，显然暗含着效率是质量前提下的效率。那么，科学管理是如何提高效率的呢？

现在假定，村子里有个老太太，她有个编篮子的手艺，她的篮子编得结实而又美观，许多人向她购买，于是她索性别的活儿全不干了，开始一门心思编篮子。老太太放弃了其他活儿而专注于编篮子，这一选择是明智的、理性的、是能将她的价值最大化的；而且她专注于从事编篮子的工作，就可以越编越快，越编越好，于是效率就产生了。

后来，老太太的篮子供不应求，大家争先恐后地前来购买，老太太实在忙不过来，于是想了个办法，她动员所有的家庭成员都放下手头工作，大家一起来编篮子。因为看到编篮子收益很高，所以家族里就有 10 个人参加了篮子生产。可是，他们编的速度根本不及老太太，水平也就更甭提了，篮子根本卖不出去。于是老太太使劲教他们，可他们一时半会儿学不会，大家的兴致一下子跌到了低谷，纷纷要求退出。

老太太是个聪明人，她知道篮子的市场需求很大，只要能把技术问题解决了，准能发财。有一天，她终于琢磨出了个办法，她将编篮子的过程分为了10道工序，她让每个人只完成其中一道工序，比如说，头一道工序就是砍竹子，第二道工序是给竹子抛光……最后是把篮子拼装起来。一下子，这活儿就变得好干多了，结果这10个人一天编出了100个篮子。

本来，老太太一个人编篮子，只能编一个，可是当10个人一起编，结果工作效率提高了10倍！这可把老太太给乐坏了，于是她的野心开始膨胀，她决定开办一家工厂专门做篮子，还招了100个员工一起生产。

可是她破产了。她为什么会破产呢？那是因为，起先她的成功在于她的社会分工，也就是把编篮子分为了10个工种和10道工序，她耐心细致地教会每个人在某个工序上所需要的技能，相对于编整个篮子，掌握某道工序的技能显得简单多了。效率因为细致的分工而得到大幅度的提高。可是当规模继续扩大后，一个比分工更复杂的问题摆在了老太太面前，她发现，他们都各管各的独自干活，让所有人协调起来变得越来越困难。

当她一个人在老槐树下编篮子的时候，因为没有分工，编篮子只是她一个人的事，所以根本不需要协调；可是，把编篮子的工作分成10道工序后，她需要协调这10个人的工作。那时，10个人都很听她的话，因为他们都是她的亲人，而她又是编篮子的权威，当然听她的话了。可是，当规模继续扩大后，她不得不招来很多为谋生而来应聘的陌生人，她发现，靠感情关系来协调各个工序上的工作变得很困难，几乎靠她个人的力量已经做不到了。于是，她开始从员工中提拔管理者，让他们与她一起来监督。可是，她发现，即使是她的亲戚担任管理岗位的工作，依然可能与她的想法不一致，甚至还有营私舞弊的和与她对着干的。结果，虽然她租用场地和支付报酬花费了很高的代价，可是企业的产量并没有因为员工的增加而成正比地增加，反而还下降了。她开始入不敷出了，后来维持不下去了，只有关门大吉。

小陶，本来没有什么学校，每个家庭都自己教孩子，就像那老太太独自编篮子。可是后来有一户人家的孩子教得特别好，隔壁邻居家都把孩子送

科学
管理

来，委托这户人家教育。而这户人家发现，帮别人家教育孩子还可以赚钱，于是就雇用了不少人一起来教，而且把教育这件事进行了分工，让有的人只教语文，有的人只管德育，有的人做班主任，这就成了学校了。

  起先挺不错，因为规模小，大家感情上沟通很方便，协调一致也并不难做到。可是，随着学生越来越多，于是招聘了更多的人来帮忙，结果靠感情沟通来协调各自的工作渐渐变得困难，唯一的办法就是提拔若干特别能干的人来协助监督。后来规模更大了，监督也变得很困难，于是教学质量下降了，家长们不愿意再把孩子送来，学校只能黯然倒闭。现在不少学校一下子扩大规模，而内部管理问题没有解决，还是靠情感和权威来进行协调，效率不下降的话倒是个奇迹了。

  那么老太太应该怎么做，才能拯救篮子工厂呢？那就标准化吧，也就是宣布编篮子工作的结果标准、过程标准和技能标准，而后按照标准来进行协调。老太太的篮子工厂应该宣布每个篮子的大小、形状和分量应该是一样的；宣布10个工作岗位的职责，宣布每一道工序的操作规范；宣布每一个工种所应该达到的技能标准，并在上岗前进行系统的、严格的培训。

  什么叫作科学管理？科学管理就是制定标准来管理，而这些标准都不是任何人拍脑袋随意制定的，是经由专业人士经过大量的实验验证的，无论结果标准还是过程标准、技能标准，全都是可以量化的，以便于管理人员测量，便于操作人员纠正和持续改进。

  为了确保各个管理岗位按标准实施，所以科学管理不需要管理人员用感情来管理，也无需他们的个人权威，无论是行政权威还是业务权威都不需要。在一家实施科学管理的企业，真正的权威就是标准，管理人员只是标准的看护人，或者是一个又一个会说话的标准，而员工只是标准的操作者和实施者。

  小陶，你知道富士康吗？为什么富士康那么多年轻的工人自杀？那是因为科学管理一方面使企业富有理性和效率，另一方面却使人失去了人的主体性，而成为标准的奴隶。现在想象一下吧，学校科学管理的结果，那就是随着规模的扩大，为了不使效率下降，不可避免地引入标准化，要用事实和数据说话，那会发生什么？那就会使学校成为富士康，而你这个中层管理者只是一个标准的看护人。科学管理要求管理者非人性化和专业化，否则就不会有效率。

因为科学管理存在着一些弊病，所以后来人际关系理论开始兴起。人际关系理论指出，当员工的需求得到了满足，工作效率就会提高。这个理论也是科学的，因为这个理论也经过了实践的验证。可是，在现实的管理过程中，那个办篮子工厂的老太太在企业中推行人际关系理论指导下的管理，当真可以提高工作效率吗？对此我不敢苟同。

于是，我们逐渐认识到，管理是一个如此复杂的社会现象，简单地运用某种理论来解释，似乎很困难，因此，就有另外一个理论应运而生，那就是权变理论。这个理论告诉我们，在日渐复杂而不确定的环境下，执著于某一理论是行不通的，管理者应该随机应变。

科学管理

在学校管理中，常常有两个"中心"的管理，一是以事为中心的管理，二是以人为中心的管理。如果学校面临严峻的生存危机，或者学校发展到鼎盛时期，都应该以事为中心；此外，则是以人为中心。以事为中心的管理，应该引入科学管理思想和理论，而以人为中心的管理则应强调满足员工需求。管理者要根据学校发展现状和外部环境作出明智的判断。

我们再回到你答辩的题目上来，如果现在请你谈谈科学管理，也许你会作出不一样的回答了吧！我希望你回答：科学管理是把双刃剑，在我们用它进行管理的同时也要接受它的负面作用。无论迷信科学管理还是迷信人本管理，都是危险和幼稚的。

你的老师　郑杰

16 质量管理

小陶：

你好！

上次我回答了关于科学管理的问题后，你追问我，到底应该如何抓质量，你说你们校长热衷于质量管理，你希望我对质量管理做个评价。

回想10年前，我当校长的时候，揪心于学校质量问题，曾引入全面质量管理思想，用于学校的质量改进。虽然当时取得了一些成效，可总还是感觉有些困难，不少人认为全面质量管理是用于企业的，学校怎么可以引入企业管理的理论呢？因此有很多不同的声音。相信到今天，这样的争议还没有停止，所以有机会的话我可以与你们校长会会面，进行一些深入的探讨。

我想要消除对全面质量管理的误解，先得对全面质量管理的内涵有正确的理解。当我们尚且不理解某个事物的时候，是不可以对这个事物作出评价的。所以，以后有人再评论全面质量管理，你先问他什么是全面质量管理，如果他不能作出回答，那你基本上就不用与他讨论了。

对于什么是全面质量管理，你要把握以下三个关键点：

第一，全面质量管理是一种管理形式，与其他任何管理方式一样，都有一定的适用范围，也就是说任何管理方式都有其优势也有其局限性。为什么会有那么多企业信奉全面质量管理？是因为这种管理方式的适用范围广，优势更明显，而局限更小，所以才风靡全球，甚至连政府部门都在引入全面质量管理思想。

总共有三大类组织，一是政府组织，二是企业组织，三是类似学校、寺庙和慈善机构的"第三部门"。这三类组织，你说哪一类组织最讲求质量与效能？当然是企业，虽然我们可以批评企业唯利是图，可是我们应该学习企业的管理，企业最不能容忍管理缺陷。当然有些企业质量和效能不高，比如说国有企业，国有企业为什么普遍不行？因为国有企业占据着垄断地位，它们无需经历严酷的市场检验，即使质量和效能都不高，却不影响其生存。

所以，我在这里可以下一个定论，无论是学校还是政府部门，要想学管理，还非得向企业学习。现在，来自企业的报告称，全面质量管理是一种相对更有效的管理方式，为什么质量和效能普遍低下的学校和政府部门不好好向它们学习呢？

第二，全面质量管理是为改进质量而实施的一项管理方式，即全面质量管理毫无疑问是针对质量而提出的。

质量管理

尤其值得夸耀的是，全面质量管理的质量思想太值得教育界学习了。我们常常会认为质量不就是学生的考试成绩吗？这个观点最大的问题在于，我们将学生看成学校的产品，因此把对质量的衡量对象放在学生的学业成绩上，窄化了教育的丰富内涵。于是学生只是等待学校加工和塑造的对象，他们的主体性始终得不到足够的尊重。而全面质量管理把"充分满足顾客需求"看作企业质量、目标质量，不是要把顾客"塑造"成为什么样的人，而是使他们的需求得到满足，这不是以人为本是什么？有人提出质疑，要是学生都提出五花八门的需求，我们是不是都要满足？问出这句话来，估计潜台词有两个，一是万一学生有什么不正当的需求，难道学校也要满足他们吗？二是即使学生的需求都是正当的，学校都有能力满足他们吗？

学生万一有不正当的需求怎么办？我想这是一个多余的问题，就像我们

63

只要头脑正常都不会到一家服装店里问营业员要西餐吃，也不会到咖啡店里嚷嚷着要买皮鞋。因为需求总是有一定的指向性的，需求是食物，人的意识会将你带到餐馆；需求是服装，意识会将你自动带到服装商厦。同理，人有学习的需求，所以就会到学校，或者到图书馆。另外有些需求，比如归属需求、受尊重的需求、自我价值实现的需求，这些需求指向于任何场所，家庭、工作单位、社会，都得满足这些需求，不只是学校如此。但总的来说，学校的定位主要就是满足学生的学习需求。那么，学生学习上的需求主要有哪些？主要看三项：一是好奇心，二是审美愉悦，三是解决问题，如果这三项需求都能得到满足，就应该被认为是一所好学校了。

那么学生的这些需求我们能全部满足吗？尤其是学生的学习还有多元化的趋势，学校能一一给予满足吗？回答是：不能。可是什么是质量？质量就是学校通过自身的努力，让多元需求得到满足，比如通过课程和教学改革，通过教师专业发展，能让越来越多的学生个性得到发展。难能可贵的是，全面质量管理不仅仅注重"充分满足顾客要求"，还非常强调质量应当是"最经济的水平"与"充分满足顾客要求"的完美统一。但我认为这样的质量观排斥了通过占用大量资源而获得学生需求满足的可能。全面质量管理认为离开效益和成本去谈质量是没有实际意义的，也就是说一所极其一般的学校，也许恰恰是最有质量的，只要这所学校达到了"最经济的水平"，而且"充分满足了学生的需求"。

当时有一个争议：为什么学生是学校的顾客？学校又不是饭店，哪有什么顾客？其实那并不难理解，对孩子到底是谁的，我们可以作两个理解：

第一种理解，孩子是父母的。如果我们认为孩子是父母的，那么孩子本来就由父母决定教什么和怎么教，可是父母觉得自己教太辛苦了，平时都要上班忙事业，耗不起那么多的时间和精力，而且即使有时间和精力也未必有这个水平和能力，那就把孩子放到一个专业机构去教，这样既省心又省力。这就如做饭，本来我们在家里自己做饭吃，可是我们的工作实在太忙了，而且家里也做不好，就决定到饭店去吃。可是在饭店吃饭是要付钱的，义务教育阶段的学校为什么不收钱呢？那是因为父母没有把钱直接交给学校，而是交给政府这家大公司了，而后再由政府把钱投到学校（子公司），这样教师才领到工资。孩子的父母们交的钱其实就是他们缴纳的税款，所以既然他们交了钱，就有权要求学校提供令他们满意的服务。

第二种理解，孩子是国家的，是祖国的花朵。尤其是在义务教育阶段，实施的是强制教育，即通过国家强制力让每个家庭都把孩子交出来接受教育。可是国家完不成那么多孩子的教育任务，于是委托专门的学校来承担这项艰巨的任务，国家既可以把这项任务委托给公办学校，也可以把这项任务委托给民办学校，只要能胜任就行。既然国家把教育的任务委托给了学校，那么学校就要按国家意志和标准来行事。而国家意志和标准中有非常非常重要的一条，就是要办人民满意的教育，学校就得遵照委托人的意思去办。这就如同学校本来在办食堂，可是总办不好，于是委托一家专门的餐饮企业来办，学校明确指明这家企业要让师生满意，而这家企业接受了委托之后提供的伙食不能让大家认可，那就得换一家了。学校接受了政府的委托，可是家长和学生都是真正的人民，如果他们不满意，那么，政府就决定不再委托你们学校了，而委托别的承包单位和别的学校。

我这么比喻是要你看到质量的本质，无论孩子是家庭的还是国家的，孩子都是我们的顾客，而家长和国家是委托人和消费者。

第三，全面质量管理是以组织全员参与为基础的。你想象一下，学校的质量管理活动让每一个教职员工都参与，是不是对质量提升更有益？

这里，我要向你介绍全面质量管理的八项原则。当时我将全面质量管理引入学校时主要就是遵循这八项原则，我认为这八项原则对学校管理的启发实在太大了。第一项原则是"以顾客为关注焦点"，这条原则对学校意味着把学生视为关注焦点，学校依存于学生，如果没有学生就没有学校，学校应当理解学生当前和未来的需求，满足学生学习需求并争取超越他们的期望。

质量管理

第二项原则是"发挥领导的作用",这条原则对学校管理者提出了要求,要求学校管理者能创造并保持使教师充分参与和实现学校目标的内部环境。第三项原则是"动员全员参与",这项原则是全面质量管理的基础,也就是说,如果不是全员参与,就没有什么全面质量管理了,教师是学校之本,只有充分参与,才能使他们的才干更好地为学校服务。第四项原则是"运用过程方法",即关注教育教学和管理活动过程,将活动本身和相关资源作为过程进行管理。第五项原则是"运用管理的系统方法",将学校教育教学和管理作为一个相互关联的过程,对这一过程进行深入的理解,这有利于提高工作效率和实现发展目标。第六项原则是"持续改进",针对学校问题进行系统分析,而后寻找到最佳策略,采取行动,并坚定不移地实施,全面质量管理将持续改进作为学校的一个永恒的目标。第七项原则是"以事实为基础进行决策",意指学校决策是出于理性的和有效的,理性的和有效的决策建立在对数据和信息进行科学分析的基础上。第八项原则是"建立与上下游企业的互利关系",这一原则对学校意味着学校与上下游学校是相互依存的,要与供应学生的学校和接收学生的学校建立互利的关系,这种关系可增强双方创造价值的能力。

小陶,我刚才向你介绍了全面质量管理方式,你看这些要点,尤其是八项基本原则,有哪一条不适合学校,又有哪一条不是切中学校质量管理的弊症?

希望你能向你们校长转达一个信念:不要动摇,坚持下去,一定会有成果。

你的老师 郑杰

17 三全一多

小陶：

你好！

很高兴你把我引荐给了你们校长，我并不是一个知识的生产者，而是一个知识的传播者，如果能通过我这个知识传播者让更多人沐浴在知识的阳光雨露下，这是我的荣幸。你们校长给我来了电话，他希望我能把质量管理的操作要领介绍给他，我想这方面的知识可能对你也有用，所以便写封信给你，与你分享。

将全面质量管理引入学校，必须满足"三全一多"的基本要求。

第一全：全过程的质量管理。上次我在信中说到衡量质量的标准关键是看能否满足学生学习需求。可是质量又是一个产生、形成和实现的过程。从全过程的角度来看，质量的产生、形成和实现的整个过程是由多个相互联系、相互影响的环节组成的，每一个环节都或轻或重地影响着最终的质量。为了保证和提高质量就必须把影响质量的所有环节和因素都控制起来，形成一个综合性的质量管理体系。因此，学校应确立体现全过程的质量管理的理念，这方面的理念主要是两条：

（1）预防为主、不断改进的理念。这一理念意味着学校应该非常重视课程和教学的精心设计及精心实施,质量并不是靠事后检验出来的,等到最后检测出质量问题来,那就为时已晚了。根据这一理念,全面质量管理要求把学校管理工作的重点从事后把关转移到事前预防上来,从管结果转变为管因素,实行预防为主的方针,把不合格的工作消灭在它的形成过程之中。

(2)为顾客服务的理念。顾客有内部和外部之分,外部顾客主要是学生,这当然是我们必须关注的焦点,但是不要忽略学校的内部顾客,比如其他部门就是你所在部门的内部顾客,学校的每个年级都将下一个年级和下一个学段看作是内部顾客;学校内部还树立了"后道工序是顾客"、"努力为后道工序服务"的意识;每位教师都将可能接班的教师看作是内部顾客,努力为下一任教师的教育教学活动提供方便。全过程的质量管理要求学校各个工作环节都必须树立为顾客服务的思想。根据这一理念,学校应该将内部满意看作是外部满意的基础,就是做到让学生满意之前,先让教师满意。因此,学校应复查上道工序的质量,保证本道工序的质量。每道工序在质量上都坚持高标准,都为下道工序着想,为下道工序提供最大的便利。

第二全:全员的质量管理。质量是学校各方面、各部门、各环节工作质量的综合反映,其中任何一个环节、任何一个人的工作质量都会不同程度的直接或间接的影响着质量。所以,保证质量人人有责。而要实现全员的质量管理,应当做好以下三个方面的工作:(1)抓好全员的质量教育和培训;(2)制定各部门、各级各类人员的质量责任制,明确任务和职权,各司其职、密切配合,以形成一个高效、协调、严密的质量管理工作系统;(3)开展多种形式的群众性质量管理活动,比如质量管理小组活动、合理化建议制度和质量相关的工作技能竞赛等。

第三全:全校的质量管理。全校的质量管理可以从两个角度来理解。

一是从组织管理的角度来看,每个学校都可以划分成上层管理、中层管理和基层管理三个层次。全校的质量管理就是要求学校各管理层次都有明确的质量管理内容。学校上层管理侧重于质量决策,制定出学校的质量方针、质量目标、质量政策和质量计划，并统一组织、协调各部门、各环节、各类人员的质量管理活动，保证学校经营管理最终目的的实现；中层管理要贯彻落实领导层的决策，确定出本部门的目标和对策，更好地执行各自的质量管理职能，并对基层工作进行具体的管理；基层管理则要求每个教师都要严格地按标准实施，并不断改进工作。

二是从质量管理职能角度来看，质量管理职能分散在学校的各个部门中，必须将分散在学校和部门中的质量管理职能充分发挥出来。

讲完"三全"，我再说说"一多"吧，这"一多"就是"多方法"的质量管理。上次我在信件中提到，全面质量管理是一种管理方式，它并不是一种封闭的方式，也就是说全面质量管理方式总是在吸纳各种有益的和有效的管理方式。我认为这一点很重要，因为教育和教育管理非常复杂，影响质量的因素越来越多：既有物质因素，又有人的因素；既有技术因素，又有管理因素；既有学校内部因素，又有学校外部因素。因此，要把这一系列因素系统地控制起来、全面管好，就必须根据不同情况，区别不同的影响因素，广泛灵活地运用多种多样的现代化管理方法来解决各种质量问题。

三全一多

小陶，在与你们校长沟通的过程中，我感受到了他对你们学校质量问题的焦虑。在他熟知了全面质量管理方式后，表示非常认同"将学生作为关注焦点""满足学生学习需求"的质量理念。我相信，在中层干部竞聘后，有你们这些生力军的加入，你们的管理改革一定会起步，而你们学校的质量一定会提升。

另外，我要透露一下你们校长的一个关于机构改革的构想，他想在你们学校成立质量监测中心，好好学习吧，这将是一个里程碑。

你的老师　郑杰

基础工作

小陶：

你好！

我先要恭喜你以高票在中层干部竞聘中获胜，同时也替你担忧，因为校长最终任命你的不是教科研方面的职位，而是去新成立的质量监测中心，由你担任第一任主任。你在来信中表达了你的烦恼和焦虑——你怕得罪人。

其实，我倒不担心这个问题，因为如果你们当真实施全面质量管理，做到"三全"（即全过程、全员和全校）的话，那么你们质量管理部门，作为一个数据采集、分析为主要职能的部门并不会有你想的那么大压力。我担心的是你的管理风格，我一直认为你是一个支持型管理风格的干部，而质量管理部门负责人由指挥型风格的干部来做更适合些。不过，我估计你们校长可能恰恰看重你的支持型风格，因为刚开始实施全面质量管理，尤其是全过程管理，会引起教师的不适应，甚至抗拒，因此最好是柔性操作，让大家都能适应过来。

我认为，这个部门刚成立，而你又是新任干部，不宜大刀阔斧，不宜烧那新上任的三把火。你应该抓紧学习，花一年时间多做些全面质量管理的基础工作。这些基础性工作十分重要，主要包括建立基本的秩序和准则、提供合格的人力资源和基本的技术手段、建立畅通的信息流通环境等一系列工作。

第一项基础工作是建立标准，做好标准化工作。什么是标准化？标准化就是指在经济、技术、科学及管理等社会实践中，对重复性事物通过制定、发布和实施标准而达到统一，以获得最佳秩序和社会效益的活动。为什么先要而且必须要建立标准呢？这是因为标准是衡量质量的尺度，也是学校教育教学活动和管理工作的依据。可以这么说，如果连标准都拿不出来，就不可能实施质量管理。我认为，标准化是学校质量管理部门的首要职能，只要这个部门在，就永远要做标准化的工作。标准化是一个永远的和连续不断的过程，制定标准、贯彻标准，进而修订标准，是质量管理部门的常规工作。

第二项基础工作是计量工作。什么是计量工作？计量工作就是关于测量和保证量值准确和统一的一项技术工作。比如学生学业成绩、满意度等都需要计量，你得拿出一套清晰明了的计量方案，包括计量内容、标准、工具、周期等。

第三项基础性工作是质量教育与培训。全员参与是全面质量管理的一项最重要的原则，如果干部和教师不了解或不熟悉相关知识，不能在质量管理方面形成共识，缺乏相关的技能和能力，那么全面质量管理就会变成空谈了。以下几个要点供你参考：

（1）质量管理部门要为各部门做好质量管理的示范，所以你策划的质量教育和培训活动本身就应该系统化、规范化，否则你怎么教育别人呢？

（2）质量是全校的质量，所以你主持的质量培训应从最高管理层开始，然后到中层，最后到基层。如果倒过来，最后才轮到学校高层领导，那就缺乏说服力了。

（3）在教育和培训中，大胆引入企业案例，企业在这方面做得比教育界好，案例也丰富，你甚至可以考虑邀请企业的管理者为教师讲课。

第四项基础性工作是建立质量责任制。质量责任制就是对各个职能部门和每个岗位的教职员工在质量工作中的职责和权限作出规定。

第五项基础性工作是质量信息工作。质量部门至少要一个月出一期简报，向全校公布质量管理动态，你应该把这项工作看作是你们部门的日常工作之一。

我想，以上五项基础性工作已经够你忙活一阵子的了。此外，你要敦促你们校长自始至终地参与，他的重视和参与很重要，否则你们部门很快就会被边缘化，而你越是抓质量管理，就越有可能成为孤家寡人和众矢之的。你要多向他汇报质量管理工作，经常提醒他不要违反质量标准，有时候你的上司也需要你的教育！

另外，你还得在校长支持下，选择一个年级组或教研组作为先行团队和试点团队，你要敦促校长为他们提供一些资金和资源方面的支持。在他们取得成功后，你就可以向所有部门和团队扩展了。小陶，推动一项改革措施总是从试点开始的，全面质量管理也是如此，只有经过试点和扩展，学校才会具备实施全面质量管理的能力。

这段时间你要多做一些准备工作，包括心理上的准备，不要排斥这个岗位，或者说永远不要排斥任何开创性的工作岗位。

你的老师　郑杰

设定目标

小陶：

你好！

很高兴你能迅速地进入工作角色，我很关心校长要求你们制订工作计划这件事，我希望你能把工作计划发给我，让我看看你有没有进步。作为管理者，你应该确保你和下属都有一个明晰的工作目标。

学校每个层级的管理者都要制订计划，高层管理者制订的计划称为战略性计划，中层管理者制订的计划称为运营性计划，教师制订的计划称为操作性计划。这些计划在本质上都是相同的，只是计划的范围、时间、详细程度和变化的频率不同，越是高层的计划越宏观和抽象，越是操作层面上的计划越微观和具体。

要写出符合要求的计划，你要作以下三个方面的准备。

第一个准备，了解学校的总体目标。在你确定部门工作目标前，先要仔细了解学校的办学目标，每一所学校都应该有一个总体的目标，主要回答下列问题：我们为什么存在？我们做什么？我们做到什么程度？你们部门的目标是学校总体目标下的执行目标。假如说你们的总体目标是创建优质学校，那么质量管理部门的目标就可以是"将学生对学校的满意度提高到85%"。

第二个准备,分析外部环境。只有将外部环境分析透彻了,才能确保你们部门的目标更好地与当前和未来环境保持一致。比如说,你们质量管理部门就应该分析当前国家教育部的质量监测标准,跟踪最新的、与教育有关的法律法规,跟踪上级教育主管部门的政策和督导评价体系的变化。

第三个准备,分析内部资源和能力。你得从质量角色分析你们学校的教育教学活动和管理工作中有哪些优势,还存在哪些薄弱环节和问题。每个学校和部门都会在一定程度上受到其自身可利用资源和技能的限制,内部资源和能力完全具备是不可能的,在这方面要不得完美主义心态。

在整个计划中,目标设定最为重要,设定目标也是你作为一个中层干部最基本的技能。目标其实是你们部门对外的一项承诺,确定了的目标,也就为绩效评价奠定了基础,为工作提供了积极的动力。有一个常识是:确切地知道自己的目标与以随意的方式来尝试不同方法相比,前者更有效率。

一个高效的工作计划是从设定有效的工作目标开始的。下面我介绍一下有效目标的五个特征,供你研习时参照,这五个特征可以通过其英文的首字母 SMART 来记忆:

具体的(specific);可衡量的(measurable);一致的(aligned);可实现的(reachable);时间限定的(time-bound)。

一是具体的。如果目标模糊不清,比如你将目标设定为"努力提高教学质量",那么人们就会根据自己的经验、能力和志向作出不同的理解。而如果目标是明确的,比如学生课堂满意度提高了 20%,就能激发大家的工作动机。

二是可衡量的。只有当目标足够具体,具体到能够被检验和衡量的时候,目标对于实施者来说才有意义。所以上次我给你的信件中格外强调计量问题,比如教师的工作态度问题,你设定的目标是提高教师的工作积极性,这句话等于没说,你得研究如何让工作积极性变得可衡量,你要设计出计量方法。比如,你可以从工作量、遵守上下班制度、工作的服从性、工作的彻底性等方面去衡量。

三是一致的。你们部门的目标应该有助于实现学校的使命、愿景和战略目标，部门目标应该与学校目标保持一致，而教职员工的工作目标又应该与部门目标保持一致，从而形成目标链。

四是可实现的。不切实际的目标只会让人感到沮丧并有可能中途放弃。不过，目标也不能设得太容易，那样就会缺乏挑战性。那些既有挑战性又可实现的目标对教师来说才是最好的激励。

五是时间限定的。没有时间限定的目标有可能被忽视，因为它们缺乏紧迫感。目标应该在具体的时间限定下完成。比如你可以设定目标为"截止到明年2月1日，我校学生对课堂的满意度达到85%"。

因为全面质量管理非常注重教职员工的参与，所以你也得动员老师们一起讨论，经过讨论而设定的目标更能被大家所接受。为了使参与有效，参与必须是真正的参与——必须让大家真正感觉到你尊重他们的意见。如果你总是试图自我标榜鼓励员工参与，但事实上你早就在心里确定好答案了，可能会被大家认为你只是做做样子，而不是一个真心实意的人，你可能会被认为是个"伪君子"，以后大家就不愿意再参与了。

在你们参与讨论的过程中，你得鼓励老师们，让他们相信自己具备实现目标的能力。当人们自认为能力不足的时候，是不可能提出挑战性目标的。

在设定目标时，你最好根据目标的重要程度设置优先级，也就是根据其重要程度对目标进行排列，以便在最重要的目标上分配更多的时间和精力。为什么要设定优先级呢？那是因为人们总是倾向于选择简单的目标以保证成功，尤其是当仅以实现目标的数目来给予奖励的时候。

有心理学方面的研究表明，一个有目标的人相比一个没有目标的人的工作效率更高，身体更健康，人生也更充实。

好好写个工作计划，发给我检查。

你的老师　郑杰

质量控制

小陶：

你好！

好长时间没与你通信了，你在来信中介绍了目前的工作，我非常认可你所做的那些基础性工作，尤其是你正在主持编写的《质量管理手册》，相信你一定能做好。

《质量管理手册》最大的要领应该是重视流程，将工作流程控制视为质量之魂，我认为你把握得很好。无论教育教学活动还是管理工作，都是有基本流程的，而流程又是由若干环节构成的，如果环节出了问题，那么流程必然会有问题，而流程出了问题，质量怎会不出问题呢？

全面质量管理是一种管理方式，这种管理方式本身就是一个过程和流程。美国管理学家戴明博士于1950年应邀在日本讲学时对管理活动的基本流程作出了科学的揭示，提出著名的"P—D—C—A"的"环论"，管理学界把它叫作"戴明环"。"环论"的P、D、C、A四个环节，在管理工作实际应用时，大体上可分成八个步骤。所以，也可称之为"四环八步法"，具体如下：

其一，在"计划阶段"（P）。第一步：找出存在的问题；第二步：找出存在问题的原因;第三步:找出各种原因中的最关键因素;第四步:制订计划和措施。

其二,在"实施阶段"(D)。第五步:执行计划和落实措施。

其三,在"检查阶段"(C)。第六步:检查效果,发现新问题。

其四,在"处理阶段"(A)。第七步:总结经验,把效果好的措施加以标准化并纳入规范,对失误做法提出改进办法;第八步:对遗留的问题,转入下一个循环再处理解决。

最初,"环论"在经济管理领域,尤其是企业质量管理中被普遍应用。自20世纪80年代以来,在我国教育管理学学科和中小学校日常管理工作中,给了教育界诸多有益的启示,相信对你起草《质量管理手册》会有所助益。

我认为作为质量管理部门,应该实现三个基本管理功能:计划功能、执行功能和控制功能。这三种功能活动构成了学校管理流程的三个基本环节,而控制环节贯穿于学校管理活动的全过程。下面我要向你介绍这三个基本环节,有点儿枯燥,你要仔细体会和领悟。

质量控制

环节1:计划与控制

没有计划管理就不会有质量管理,因为计划是确保学校各层面目标得以实现的承诺和保证,所以质量管理部门的质量管理首先是对计划进行控制。那么怎么实现控制呢?

一是控制计划目标的函数值。计划的核心是目标,目标是计划的期望所在。如果目标定得过高,教职工会望而却步;如果目标定得过低,则难以激励大家的积极性。所以,你得验证学校各层面提交的计划目标是否都建立在可达成的基础之上。

二是控制计划方案的选择。目标的达成有多种途径、多种方案,为此,你得指导和帮助各层面的人员,控制好达成目标的方案的最优选择。

三是控制学校计划目标的整合关系。学校系统是一个复杂系统,学校管理层次多、头绪多,各部门的工作难免有不协调的地方,你得确保学校所有的计划目标都整合一致了,才能确保学校基本目标和总体目标的全面实现。

环节2:执行与控制

有了计划之后,便是有效执行了。这是一个比"计划与控制"更难做好的环节,因为学校是个动态系统,由于受内外环境干扰因素的影响,在目标执行阶段,往往会产生偏离目标轨道的目标差现象,就是所谓的"计划不如变化快"。作为质量管理部门,为确保计划得以顺利执行,就要对计划目标执行中的一些偏差行为进行调控和修正,防止随意更改目标和计划的随机性变化,防止计划被轻易放弃。一些学校的计划半途而废,与缺乏执行与控制有关。

你要做的就是采取反馈调控措施,比如建立管理规范,确定行动原则,使计划目标执行者的工作行为控制在决策与规范所允许的范围内;要通过听课、质量分析、效果检查等手段,对出现的目标执行中的偏差进行分析研究,并提供反馈信息给计划执行者,使他们能自我调节并纠偏;通过行政监督、工作检查指导等调节手段,调控教职工的教育教学行为,以及各方面的目标行为关系。

环节3:控制与信息

计划、执行、控制——学校管理流程"三环节"的运转过程,从信息论角度看,就是一个信息流通的过程。具体地说,就是信息的"输入——转换——输出——反馈"的不断循环的过程。因此,质量管理部门要及时准确地获取真实可靠的信息,一方面要尽量扩大信息源,另一方面就是要尽量缩短信息通道的距离,使信息流通更便捷、更通畅。

质量控制实际上就是要做好学校的时序、空序、程序和秩序这四个方面的控制。所谓时序控制,就是指对学校教育、教学和管理运动的时间起止、流向、线路、顺序、连接和持续进行控制，比如，你们要对学校"三表"（作息时间表、课程表、每周会议活动安排表）进行控制；所谓空序控制，就是对学校资源（人、财、物、信息等）的空间位置、次序、顺序及其连接、结构、层次等进行控制；所谓程序控制，就是对学校教育、教学和管理活动在时空运动中的流向、线路、系列、环节、网络和进程等作定序控制；所谓秩序控制，就是对学校教育、教学和管理流程中所形成的程序性、连接性、协调性和稳定性等秩序状态（即规范状态）作定规控制。最终，你们质量管理部门的管理成效就是以这"四序"为标志的，而质量手册和质量标准，就是你们进行质量控制的依据。

我一口气讲了那么多理论，请你细读，并在日常工作中勉力践行。在我看来，我国中小学教育的内部管理非常落后，严重阻碍了教育教学改革，而管理问题得不到解决，其他问题势必无法从根本上解决。教育管理者不懂管理是一个通病，而你任职的质量管理部门恰是你的一个最佳的学习场所，应好好珍惜。

质量控制

你的老师 郑杰

有效指导

小陶：

你好！

首先要恭喜你，在你的努力下，你们学校第一本《质量管理手册》的讨论稿终于诞生了，但从来信中可以看出你并不快乐。你陷入了深深的焦虑之中，因为教师们对《质量管理手册》的推行很不耐烦，甚至还有些抵触情绪，好多人在背地里指责你出花样。更让你无法接受的是，教师们因觉悟低不能接受也就罢了，可有些干部对此也颇有微辞。

我认为你现在遇到的情况实属正常，一是人们面对新事物都会产生恐惧感，二是没有人喜欢被约束，大家一定误以为全面质量管理就是管他们的，《质量管理手册》共有15万字，岂不是被你管死了？

我想越是在这样艰难的时刻，你就越要有耐心，绝不能出卖你的领导，向大家申辩说这是校长授意编订的。我觉得你根本不用申辩什么。你要采取两个行动：对上，要敦促学校高层领导，请他们以他们的名义宣讲全面质量管理思想，让大家都能理解《质量管理手册》编制的目的，了解其内容；对下，要对管理对象进行有效的指导。

作为一名中层干部，你本来就承担着指导的职责，尤其是在大家对《质量管理手册》缺乏理解的时候。我认为仅仅宣布一个手册的意义不太大，更重要的是培植教职工的质量意识，建立起质量程序，提高他们的质量能力和行为。你的帮助和支持，是全面质量管理体系能否在你们学校真正建立起来的关键。如果你的部门只是出台一些规章，再编制和完善手册，而后依照手册进行检查评估，却从来不指导他们，不能帮助大家解决执行制度过程中遇到的问题，那么你们部门充其量也就是一个"官僚衙门"，难怪教师们会不支持你们的工作。不仅教育教学业务部门，在学校里每个部门都承担着指导教职员工的责任，尤其是质量管理部门，千万不能将教师看作是敌人和对手，你应该致力于他们的专业发展，致力于帮助他们通过努力达到质量标准，而不是将你们部门的成就建立在他们的失败上，更不应该为他们的失败沾沾自喜或幸灾乐祸。有时候人们以反对声来表达他们内心渴望得到帮助的愿望。

你得在下达质量规定的时候，认真评估和诊断一下，大家会在哪些方面想要得到指导，在这方面你要做到心中有数。而后你要组织相关培训，把要领告诉他们；对个别重要岗位的或未能达到标准的教师，你要面对面地与他们交流，真诚地向他们反馈信息，给他们提供建设性的意见和建议；在全部的质量指导中，你应该始终关注他们的观点、需求和自尊，仔细听取大家的意见并适当作出回答。

小陶，你需要具备各种不同的能力才能与他人一同工作，今天你受的委屈不完全是由你所任职的部门的特质决定的，不要认为这是一个得罪人的部门，所以你才被人指责，我认为无论你在哪个部门任职，只要你指导他人的能力得不到提高，你就会不断地遭受类似的委屈。

中层干部要有尊严，但绝不可以傲慢，指导他人不会伤及你作为一个干部的尊严，反而能为你赢得尊重。你得将指导看作一个机会，一个为了他人的发展而奉献自己知识和智慧的机会。指导他人其实是在与对方结成一种双向的伙伴关系，在你指导他人的时候，你同时也学到了对方的知识和经验，当他们在你的指导下得以最大限度地发挥潜力并且达到质量目标时，那不是两全其美的事吗？

我认为，除了发生以下情况，你都得去热心指导：一是有意违反质量标准的，你就不必去指导了；二是严重违反质量标准并严重损害学校利益的，那是因为前者缺乏与之达成心理契约的基础，而后者需要教育和处罚。只要当对方接受你并愿意与你共事，愿意提高工作质量和水平，你就应该对他进行指导或要求他接受你的指导。

什么时候进行指导才最合适呢？我认为不是所有时候都适合进行指导。但眼下可能就是一个实施指导的大好机会，当新制度刚实行而人们还处在迷茫中的时候，不就是个好时机吗？另外当人们在产生需要的时候，或当大家无所适从的时候，这时你的指导才更有效。不要认为正襟危坐的指导才算作是指导，有时候促膝谈心、打个电话、发封电子邮件都是指导，非正式环境下给予他人的指导比正式指导更有效，尤其是像你这样的青年干部，千万别把自己扮成权威的模样，那不是一个真正的指导者的形象。

做一个优秀的指导者，你得注意以下几条：

（1）去观察而不急于去判断。作为质量管理部门的负责人，你的观察能力格外重要，只有通过观察才能知道哪些行为不符合标准，更重要的是，观察可以让你了解一个人的长处和短处，并了解一个人的行为对其同事的作用和对实现质量目标的能力的影响。当你对教师进行观察时，可能会对正在发生的事情形成一些看法，但这时切忌作出判断或推论。别忘记你是一名指导者而不是"校警"，你要尽力成为一名中立的观察者，并通过进一步的观察来检验自己已形成的看法。

（2）去倾听而不要急于表达。作为一名指导者，你不仅需要了解他人的行为，而且还要体察他人的感受和动机，这只有通过积极倾听来做到。积极倾听能使他人感到放松，可促进相互交流。

（3）征询而不是指责。所谓征询就是向对方提出问题，只有在对话中提出问题才能更好地了解他人并确定他人的真实看法。我建议你多向指导对象提出开放式的问题，比如："如果……将会发生什么呢？""你对我们目前的进展有何感受？""你认为质量管理的主要问题是什么？"这些问题可以导向平等的交流和讨论。而那些封闭式问题，也就是只需回答"是"或"不是"的问题，则可能使人认为你居高临下，盛气凌人，比如"你们的计划如期进行了吗？""你知道备课的基本规范吗？"等。当你越是想要了解大家的感受和动机，就越应该使用开放式问题。只有通过开放式询问，你才可以将对方的态度、观点、立场、见解、看法等逐一了解清楚，从而使自己构思出更好的指导意见。

（4）倡导而不是要求。你得学会通过适当的方式提出自己的想法和建议，以便自己提出的指导性意见能被对方所接受。你应该在指导中对正确的行为进行倡导，而不是以命令的口气来发表观点。在积极倡导的同时，你应允许和鼓励对方提出自己的看法，否则就会造成一种一切由你掌控的氛围，有损于指导性的伙伴关系。

（5）针对行为而不是态度。绝不要评价对方的性格、态度或人格，应向对方描述其行为表现，描述这些行为表现所产生的影响。切忌用裁判性的语言，这样只会使人采取防范的态度。例如，要说"在最后的三次会议上，每回我都看到你数次打断李老师的谈话"，而不应说"你真是粗暴无礼"。不仅不要描述他人负面的态度，还要尽量避免描述他人正面的态度。就算是正面的描述也要有针对性，避免概括性地描述。例如，可以说"你的报告一目了然，看过之后便对情况全然了解"，而不要说"你干得相当出色"。

质量管理者是一个十分理性的角色，因为你总是与标准、细节、客观事实和数据打交道，你平时所表现出的理性的一面正符合人们对你的角色预期。也就是说,平时你应尽量避免情绪化的字眼,比如"你说我生硬,你说我刚才哪句话让你感到不灵活"。一个以理性支撑的人是坦然的,你应该放松自己,不要对教师采取任何自我防范态度,不要对自己的行动进行辩护或解释,这只会让你显得软弱。

　　《质量管理手册》的制定只是个开端,但我相信有了一个漂亮的开始,一切都会有希望的。

你的老师　郑杰

22 运用权力

小陶：

你好！

你来信说自从当上了质量监测室主任，就开始负责学校各项工作标准的制定，几乎所有涉及质量的工作过程监控、所有大大小小的质量问题的查纠都由你来做。你们校长非常倚重你，总向你了解各方面的工作情况，只要一开行政会议就先由你汇报本部门工作，其他部门的负责人很忌讳你，怕你揭他们的短，而教师也对你敬而远之，这让你觉得似乎自己是学校里仅次于校长的掌权的人。

我觉得你们学校推行全面的质量管理，却由你们一个部门在抓质量，似乎有些问题。正如我之前信中所说的，质量管理应该是全员和全校的事，而不是某个部门的事，更不是某个部门中某个人的事，这样下去会出现偏差的。

导致你们学校目前这种局面的原因也比较复杂，但问题主要出在高层管理者身上，他们并没有正确理解全面质量管理思想，以为全面质量管理就是制定规章制度，而后用来管教师；问题也可能出在你身上，可能你并没有摆正自己的位置，从而做出一些超出你权限的事；还有可能是因为我们是一个官本位影响比较深的国度，只要你手中有权，大家就会看重你手中的权力，对掌握处罚权的人开始顶礼膜拜。

中层干部是学校管理权力链条中的一个环节，从你担任中层管理者那天起，就开始掌握一定的权力，而随着你的升迁，你会一天天地走向权力的中心。可你不要认为有了权力，就可以指挥别人，别人就要听我的，更不要认为没有你办不到的事情，因为实际情况并不如想象的那样。关于权力问题，我得从权力的三个特性谈起。

权力的第一个特性就是强制性。你有了权力就会去使用权力，而所谓的用权实际上就是强制别人做事情，也就是要让别人按照自己所说的和所想的去做，所以凡是权力都带有强制性。比如说你让语文教研组长今天下班前一定要把期中考试的质量分析报告交给你，如果没有你的这道命令，语文组长也许今天不会向你交任何报告，这就是权力的强制性。即使你下达这个命令的时候语气很委婉，可依然是强制性的，而语文组长不可能要求你在下班前交材料给她，正如你不可能要求你们校长下班前把材料交给你。

权力的第二个特性是潜在性。权力往往是潜在的，对你来说，不到万不得已，就不要动用权力，也就是说要将权力作为最后的手段和解决办法。你得千方百计地让人自觉工作，而不是每时每刻都想着要动用自己的权力，如果你天天用权，权力也就失去了它的威力。试想，如果你每次向老师们布置工作时，都要用权力迫使他们接受和服从的话，那么你这个主任也就快当到头了。小陶，不要以为自己有了权力就可以随时动用权力，有时候当大家对你的指令还不能理解，大家都不情愿做的时候，你动用自己的权力，实际上是你"黔驴技穷"的表现，而不是你有什么魄力和胆识。

权力的第三个特性是与职位相联系。你手中的权力，是不可能超越你的职位的，你不能越权去行使校长的权力，除非你们校长授权给你；你也不能越过质量部门去染指属于其他部门的权力，那样会引起公愤。比如你去指挥总务部门的员工，越俎代庖地安排他们的工作，那就是越权了。权力的行使，仅仅局限在和职权职位有关的方面，所以在学校里你手中的权力就叫作职权，无职就无权了。我要提醒你的是，虽然你看上去权力很大，可是你的权力未必真的很大，作为一个部门领导，你不能超出你的职务范围，即使你权力比其他部门大一些，也不要随意用权，得保持权力的潜在性。

在如何用权方面，我有以下忠告送给你，作为你永远的警示。

忠告一：别想用你手中的权力激励教师努力工作。

权力的第一个特性就是它的强制性，也就是强迫别人做事情，可是，每个人最愿意做的事都是出自他们本意，因此你仅靠权力让教师做事，那么他们就会打心眼里不愿意，不仅不愿意做事，而且不愿意被你领导。你希望通过你的权力来让人们保持积极的工作状态是行不通的！你只是在强迫大家，他们的内心是抗拒的，在这个时候，每个人的积极性和创造性都是极低的。你也不要认为你能给教师带来荣誉，认为你有表扬和奖赏教师的权力，就能激励他们更努力工作，可事实不是这样的。虽然你有表扬和奖励的权力，但并不是权力激励了他，而是表扬和奖励恰巧满足了他们的动机和愿望，从而带来了激励。如果某位教师对表扬和奖励无动于衷，那么你的权力将一文不值。

忠告二：不要奢望权力能让人自觉工作。

权力的特点，在于迫使别人服从自己的意见。这就意味着当你运用权力时，你的下属是被动的、不自觉的，或者说，是你说一下，他动一下，你说怎么办，他就怎么办。平时你动用权力越频繁，他们就越不可能主动工作。开会时，用你的权力命令老师们自觉工作，这可能吗？不可能，反而可能让他们走向反面，他们不会因为你的命令而发自内心地、自觉地去工作，只有当大家理解了你的想法，并且认为你的想法正好与他们的个人期望一致时，才会自觉地做事。因此有些想法对你是有害的，比如你认为既然你是中层干部，那么大家就应当自觉地服从你的意志，自觉地按照你的想法去行动，这是十分错误而有害的认识。

忠告三：别天真地以为权力会带来认同感。

干部们常常会说出以下两句话，一句是："别争了，这件事情就这么定了！"另一句是："我是研究这个的，我干了多少年了，你们不懂！"这两句话说明你在运用权力，可你这么做只能让大家从此闭嘴，乖乖地按你的意愿去做，并不能让别人认同你的想法。很多教师实际上对干部的评价并不高，并不像你所感觉的那么好。大家慑于你的权力，保持沉默而已；或者有人不愿意得罪你，怕你报复他，给他"穿小鞋"；或者有人求你帮过忙，便与你妥协了。往往当干部的时间长了，自我感觉会越来越好，完全与教师对你的感受不一致，还沾沾自喜于自己的能力，这其实是很可怜的事。

忠告四：不要幻想权力可以对人产生巨大影响。

你的权力事实上对教师的影响是有限的。在学校里，教师和学校之间的关系实质上是一种契约关系，而契约仅仅发生在劳动方面，就是付出劳动获得报酬，不是说他把整个人都交给了学校。所以，你根本不可能滥用权力。如果某位老师违反质量规定，你把他批评一通，可他觉得委屈，对你的批评无法接受，于是你会发现，学校里会有不少人站在他那边，安慰他、支持他。你手中的权力对于那些一心想离开学校的人毫无用处；权力对那些资格很老又即将要离开的人根本没有效果；权力对那些得过且过不思进取的人也没什么影响。所以你永远不要沉溺于对权力的迷恋之中。

权力对你开展工作是有益的，可是如果运用不当，权力反而是有害的，无论对教师还是对你自己都可能有害。小陶，只有当你将权力作为工作的基础，作为一个最后的手段，一个支持我们利用其他的领导方法改进工作，提高下属的工作业绩，激励下属的工作积极性的方式的时候，权力才有效。

你的老师　郑杰

校内督导

小陶：

你好！

你在来信中说你们质量管理部门订了个计划，要按质量标准对初二年级组进行为期一周的全面督导。这是你们部门成立后第一次承担规模较大的质量监控任务，你很想把这次任务完成好，你有很大的决心，我非常赞赏。质量监控是你们部门的主要工作职能，这次任务是你们部门的首次亮相，任务完成得好，才可能为你们部门真正赢得在全面质量管理体系中的地位。无论怎样评价这次任务的重要性都不为过，你们确实应该全力以赴，干净利落地完成它。

一个新的部门成立后，大家都会关注该部门人员的动静。你们前期已经作了充分的准备，特别是《质量管理手册》得以颁行之后，现在该是你们迈出新一步的时候了。

我觉得将校内督导作为你们第一次亮相的工作任务非常合适，理由有三：一是选择一个年级进行校区督导，这是你们学校从未做过的事，由你们部门领衔做这件事，本身具有首创性；二是选择某个年级而不是教研组作为校内督导对象，可以使教导处和政教处，甚至总务处都参与进来，显然也加强了这三个部门的权威性，一定会得到这三个部门的拥护；三是选择的是初二年级而不是初三年级或初一年级，这个选择很恰当，因为如果选初三年级，这个年级的教师一定不配合，认为毕业班那么忙，你们居然还添乱，实在不得人心。而如果选择初一年级意义也不大，因为这是一个刚成立不足半年的年级，还处在磨合阶段，看点不会太多。选择初二年级是个好主意，一来初二年级特别容易懈怠，无论教师还是学生都是如此，这时进行全面的工作检查，可以借助督导的力量督促他们，二来检查的结果也可以为明年初三年级师资配置提供有效信息，想必从校长室到各中层部门都会持欢迎态度。

更重要的是，你们承担此项任务并不是在哗众取宠，在学校没有比沉下去抓质量更实在的管理活动了，所以，此次任务对你们部门赢得各方认可很有利，花的力气小而成功的把握却最大！为确保成功，我想你们的目标不要订得太高，同时，你要保证让更多的人都能参与其中。我觉得让更多人参与才是成功的关键。

在具体实施过程中，我有几个想法与你分享，这些想法都指向于一个目标，即通过这个任务的完成，真正确立你们这个新部门的地位和影响力。

（1）确保此项任务由你们部门领导。因为这是综合性的质量监测活动，所以势必要组织各方力量参与进来，但是必须设法使整个任务过程在你们部门的领导之下，那不是在抢功劳。如果你们部门不能发挥主导作用，而让其他部门来组织实施，一旦失败的话，责任还得由你们来承担，谁让你们是质量管理部门呢？

你们部门的领导作用应该体现在哪里呢？我认为最能体现你们部门领导作用的应该是撰写督导总结报告。这份报告太重要了，因为这是你们学校由始以来第一份校内督导报告和质量监测报告，写好了可以作为以后类似活动报告的范本。这份督导报告应该起到增强质量管理部门权威性的功效，因此报告的内容应包括两部分：一是对初二年级的质量评估的结果，二是对参与督导的各个部门和组室的评估和反馈。如果这两个部分都能以事实和数据为依据写成，那么其实已经确保了你们部门在此类活动中的领导地位。

（2）确保让督导对象获得荣誉。你得体谅督导对象——初二年级组，他们为了迎接你们的检查评估一定作了大量的准备，而且至少在被检查的一周内每天都提心吊胆，生怕露了短被你们扣分。而你们部门头一次主动出击完成质量监测任务，对质量标准的把握可能还存在问题，加之你们也缺乏检查评估的经验，所以你们应该抱定一个信念：必须通过督导检查为他们带来荣誉。这么做有三大好处：一是可以改变你们在群众心目中凶神恶煞的严苛形象，让大家认为你们这个部门虽然掌握标准，可不是用这些标准来掐人的；二是让其他年级组不至于以后再遇到同类质量监测活动而心存恐慌，或者产生心理上的和行为上的抵触；三是给予初二年级组以回报，有了他们的配合，整个活动才能圆满完成，而你们给他们最大的回报就是让他们看到自身的优势和潜质，让他们都为生活和工作有了他们的参与而感到光荣。

（3）尽量低调地展开活动。也不必在全校范围内大声宣告，不必高举高打弄得人人皆知，你们尽量不要引起外界对你们的高期望值，人们越是没对你们抱有期望，你们成功的把握越大。这样低调处理，在成功后会为你们赢得更为广泛的赞誉和尊重。

小陶，此次任务是你们部门领导的第一次大活动，也是你个人领导的第一次大活动，我衷心地预祝你们出师大捷！

你的老师　郑杰

公正评价

小陶：

你好！

在昨天的来信中，你向我诉说了你在对初二年级督导评估中的烦恼——如何评分才公正？这确实是个大问题，如果大家认为质量监测结果不公正，显然将影响你们部门的权威性。

你在信中说，对教师的教学常规，尤其是对课堂教学，虽然大家对评价标准并无异议，可一旦打分，却有分歧，而且总有分歧。每个人都认为自己打的分是公道的，是坚持原则的。你们在评价前要求大家按照客观实际去评价，不要带个人感情色彩，可为什么评价结果会有那么大的差异呢？一些老师看到评分结果也很不满意，大喊冤枉。我想，这可能与评价者有关，如果标准是一致的，而评价结果却不一致，多半是评价者出了问题，教师喊冤也是难免的。我认为不是每个人都能评价他人的工作，评价者的资质很重要。想要评价更公正、更客观，主要还不在于是否掺杂个人情感的问题，而是评价资质问题。即使标准是一致的，如果评价者的资质不够，评价结果依然会发生问题。

以教学评价为例，我们大致可以对教师的教学常规和行为、教学方法、教学能力和教学品质等方面进行评价。可是每一种评价都需要特定的评价者，不是每个人都可以评价所有内容的。

你问教学常规应该由谁来评，所谓常规就是教学的基本规范，一般而言，常规都是最低标准，是每个教师都必须达到的基本要求。比如上课之前要备课、作业应亲自批改等。我认为这些常规要求应由学校管理者来评，校长、主任和组长都可以评，而不应由学生来评。为什么学生不能评教师的教学常规？因为学生不具备管理教师的资质。这就如交通管理，路上行驶的车辆是否遵守交通规则应由谁来评？当然由交警来评，因为交警是交通管理者，我们这些路人不能随便站在马路上指挥车辆，道理很简单，就是路人不具备交通管理的资质。

教师的教学方法是否合适，这应该由谁来评？应该由本学科教师来评，因为只有本学科教师才能理解如何教才是最有效的，如果让一个语文教师去评价一堂数学课，尤其是评价这堂课的教法合适不合适，一定不得要领。即使是同学科的教师相互听课，如果事先对教学内容和教材不熟悉，也往往评不好。

教师的教学能力由谁来评？那就应该由能力更高的人来评，一个水平能力低的人可以依照标准评判某教师是否遵守教学常规，可无法准确评估其能力。就如我们申报高级职称，其实就要判定申报者的专业能力，非得请专家或者专家型教师组成评审小组来作出评价。

我认为质量部门可以设定常规和行为标准，可以设定教师专业能力标准，但是具体评审时，你们不应该涉足教学方式和教学能力方面的评估。

一些学校让学生评教，我认为理应如此，让学生评教是一所将教育视为服务的学校所必须做到的。但是具体让学生评什么呢？不应该让学生去评教师的教学常规，学生没有管理教师的资质，如果让学生评教师的教学常规，则易使教师在学生面前失去颜面；更不应让学生评议教师的教学方式和教学能力,学生没有这方面的专业知识和能力。我认为应该让学生评议教师的教学品质,比如教师是否热情、公正和尊重人等,相对来说,学生评议教师的品质,要比其他人更准确,要想知道一个人的内在品质,与之朝夕相处的人是最有发言权的。

小陶,我认为要让评价更公正,在标准已经设定的前提下,你应该关注评价者的资质问题,其次才关注他们是否掺杂了个人情感等方面的因素。不过,要在评价中彻底消除主观因素是不可能的,因为有些主观因素往往是无意中造成的。但无论有意还是无意,作为评价者都应尽力去除,以避免出现不恰当的评分。有时候一些非常优秀的教师之所以离开学校,并不是工资待遇的问题,而是公正性的问题。

有时候评价结果出来后发现大家分数都很高或者都很低,如果不是评价标准缺乏区分度,就很有可能是评价者的主观因素在发挥作用。分数都很高或者都很低,这种情况应尽力避免,因为让所有人都认为自己做得很好或者让所有人都认为自己做得很差,都不利于提高工作质量。怕就怕有些主观因素是有意的,比如有意打分过高就是个严重的问题,这个问题比有意打低分更严重。

一些部门领导为了给自己的下属谋利益而有意打高分,或者因为自身不过硬而趁评价的机会讨好那些表现不佳的下属,有时为了帮助下属评职称和评先进,怕影响下属的前途而打了高分,虽情有可原,却也是应尽量避免的。这么做可能成就了某个人,却牺牲了整个评价体系的权威性。另一种情况是将评价作为一种杠杆来提高教师的积极性,以为打了高分就可以让那些工作态度消极的教师更努力工作,我认为这个愿望注定是会落空的。

一些评价者对下属特别严厉,认为只有扣得紧些才能提高工作质量,才能激励教师更努力。但是,对所有人不满会引起所有人对你的不满,大家或以公开的形式,或以背后的形式发泄他们的不满,甚至还会大面积地引发士气、工作动机等方面的问题。不过这些导致评价者过严的动机还是善意的，那些恶意的动机是无论如何都不可原谅的，比如为了让那些平时难以驾驭的人知道自己才是他命运的主宰，为了让自己的竞争对手失去优势，为了让下面的人巴结自己给自己提供些好处，如果评价者心怀这样的动机，那他的品德一定有问题。

你会经常发现大家打的分数都比较集中，特别优秀的极少或没有，特别差的也极少或没有，大家都差不多，这种考核结果不能发挥作用。这种情况就不是评价标准的问题，而是评价者的主观因素太强所致：他们都不愿意得罪人，反正你好我好大家好。

如果某项指标的满分是10分，评价者在评估时，常常避免打10分，即使评价对象十分优秀，即使他在这一项目上的表现远远超过其他人，也只能打9分或8分。同样，为避免打不合格的1分，即使评价对象的表现极差，也经常选6分或7分。特别是另一种情况：某人在绝大多数考核要素上都表现优异，评分都很高时，评价者会倾向于在某个要素或某些要素上，将其评分向下拉一拉，该打9分时却打7分，以免总分比其他人高出太多。这些原因导致了最后评分结果大家都比较接近，而无法分辨最好和最差。我认为出现这样的集中优势，主要是评价者怕得罪人，担心大家与他对立。我认为你们质量部门可以通过改进评价方法或程序克服这个问题，比如强制规定优等和不合格的比例，或者必须为打分提供关键性的事实依据等。

小陶，评价是个复杂的工作，要保证公正性，应尽力消除有意的主观因素，无论这些主观因素是善意的还是恶意的。但是人并不是机器，难免会有些无意的主观因素在不知不觉地发挥作用，从而影响到了公正性。比如优秀教师犯了一些错误，很容易得到大家的原谅，大家会认为他犯点儿错误是偶然的，是无意中造成的。相反，如果他是公认的最差的教师，即使他工作做得再漂亮，大家也觉得是偶然的，只不过是"瞎猫撞着死耗子"罢了。再比如有的领导喜欢性格爽快、动作麻利的人，于是那些性格内向和行动稳重的教师得分可能就偏低了。又如，某位教师在年底进行年度的绩效评估时表现特别优秀，结果评价分很高；而某位教师年初做得好，但年末做得不好，就可能因为他近期做得不好，而对他全年的工作评价都比较差。

评价者往往认为对教师的评分是公正的，认为自己很客观，没有掺杂人为的因素，没有个人偏见。但是事实上会有些无意的主观因素需要克服，所以你们质量管理部门在评价制度的设计上，就必须假定每个人都是主观的，而且是有意主观的，甚至都会为自己或对自己有利的人谋私利的，你只有不断去完善制度，而不是对人们自动改善评价作乐观的估计。

小陶，你要知道，有时候人是不可靠的。

你的老师　郑杰

释放压力

小陶:

你好!

你担任质量管理部门主任工作快一个学期了,你来信说自己压力很大,对此我非常理解。你平时工作量很大,教着两个毕业班的语文课,你不肯输给别的老师,为此你付出了比别人多得多的精力和时间;你年纪轻,经验还不丰富,你所任职的部门又是一个特别严谨的部门,不得不承受来自各方面的压力;学校有不少来自家长的举报和投诉,还有许多突发事件,都得你们这个部门拿出处理意见,为此得罪了不少人;你们部门是新成立的,没有现成的经验,什么事都要自己去探索,没有人可以真正帮助到你;你感觉到人手不够,虽说是一个独立的部门,但是除了你一个主任外,只有一名工作人员,而且还是兼职的,这让你每天疲于应付,精疲力竭。

我能感受到你所承受的压力,我希望你每隔一段时间就能静下心来反思一下自己。要知道,解决压力问题只能靠自己。

你得放弃完美主义倾向,压力是完美主义的通病。一个完美主义者总要把事情做得无懈可击了才心满意足,而无懈可击的事却似乎永远没有。在你当学生的时候我就发现,你做作业时不允许自己有一个字写得不端正或写在格子外边，你总是不能自如地在课堂上发表观点，因为你总认为自己还没想好，似乎非得完全想好了才能发表出来。有的人会认为这是态度认真的表现，而我认为这是完美主义惹的祸。

无论是对事还是对人，无论是对他人还是对自己，完美主义倾向会让你失去工作和生活的乐趣，会让你郁郁寡欢、闷闷不乐、心事重重。你应该向完美主义宣战，应该完整地接纳自己，愉快地接纳自己。什么是完整而愉快地接纳？就是在你接纳自己优秀面的同时也接受自己的缺陷面，在带着欣赏的眼光看着自己的成就的同时也接受自己的失败和挫折。你其实已很了不起，你勇敢地挑起了这副担子，作为你的老师，我着实为你骄傲！小陶，平时我的工作很忙，但是我常常会停下工作，想象一下你正在做什么，想象着你的处境，想象你是如何在复杂环境中寻找化解之道。我常常给你写信，为你出主意，为你增添力量，你知道为什么吗？因为你具备一个好干部的潜质，你的品格让你哪怕就是一个能力不够的人，也能造福于学校，贡献于教育，而放眼中国那么多学校，那么多搞教育的人，还保持着人格和良知的人远少于失德的人。当我看到你当上了干部，我真的很欣慰。作为一个局外人，我都在为你骄傲，你为什么不能为自己自豪呢？

请你停下匆匆的脚步，回想一下你的目标，你的目标不是成为一流或者成为你同年龄中最了不得的人，你的目标是成长，这个目标我在给你的头一封信中就已经再三强调了，你得停下来，想想从当上教导处主任助理到当上质量管理主任这一年中，你成长了多少！对照一下去年的这个时候，你怎能不自豪！

不要把工作目标放在成长目标之前考虑，但你又必须考虑工作方面的目标。在工作方面，你可以拿出一张纸写一写，把那些你没有达到的或者别人认为你没有达到的目标都列出来，然后问问自己，凭你的实际能力，到底能不能达到这些预期目标。如果你发现自己不吃饭不睡觉都无法达到的话，那就把这些目标扔到一边，让它们见鬼去吧！

我到过不少学校，发现大部分学校管理者都处于高度焦虑之中，问他们为什么，几乎统一的回答都是升学压力。在与他们分析了生源和师资情况后，再问：能赶上那些靠特殊招生政策保护的学校的升学率吗？回答说根本不可能赶上，既然不吃饭不睡觉也赶不上，那为什么还要不吃饭不睡觉呢？人在理性的情况下是不会承受这些莫名其妙的压力的，这是庸人自扰。

提高工作绩效的关键点在于专业能力而不在于加班加点没日没夜，所以我必须提醒你，真正让你恐慌的应该是你的能力有没有提高，如果你的能力不再提高那才是要命的。请问，这一年来你还读书吗？你从小喜欢读小说，现在还读吗？你对艺术世界还有兴趣吗？你对美好的事物还有感觉吗？如果你回答说没有，那么上帝留给你的将只有压力而不会有任何别的东西。

上次你的老同学们来看我，说起你的事，大家都说你瘦了，很憔悴，说你在向他们传授减肥经验。我认为这很不妥，虽然我不便也不该干预你的日常生活，可是我很担忧，减肥一事事实上反映出无论在身体上还是在心理上、情绪上都对你产生了压力感，一个健康和身材匀称的人每天将减肥当成是一生的事业，就是完美主义的表现。为了保持体形，你为什么不选择锻炼身体呢？锻炼带给你的好处不仅在体质和精力上，锻炼身体同时是人的最好的心理良药，它总是能帮助你消除不断累积的压力。当你感到沮丧，比如此时，你可以到室外走上几圈，在你办公室里蹦上几蹦，或者做一些伸展运动来消除你积聚的紧张情绪。

你是一个喜静不好动的人，所以你平时没有养成运动的习惯，若实在不想锻炼的话，沉思也行。千万不要认为保持安静就是在沉思，思考问题是要用逻辑的，可沉思却不是。沉思恰恰是放弃思索，放下逻辑，把自己的头脑放空，什么也不做什么也不想，每天沉思15分钟，天大的事都不会打扰你，当有别的念头闪入你脑海的时候，你仍然在沉思，你甚至根本搞不清楚闪过的是什么念头。

　　喜静的人有个缺点就是朋友少，你应该多与人交往，你应该有一群拉家常的人，说说女人之间的体己话。孤独的人是承受压力最大、将生活处理得最糟糕的人，你需要几个小姐妹来聆听你的抱怨，她们只会倾听而不会像我一样教育你评价你，她们在你哭泣的时候，会给你一双温柔而有力的手来握着。

　　小陶，快放寒假了，放了假去找乐子吧，在你寻找快乐的时候，请你将工作全部放下，把每天当成最后一天过！

你的老师　郑杰

开个好会

小陶：

你好！

得知你们学校寒假即将要召开行政会议，一方面总结上一个学期的工作，另一方面要安排下一学期的工作重点，会议地点设在四季如春的云南昆明。我十分理解你们校领导的意图：到一个无人打扰的地方去开会便于集中大家的注意力，提高会议效率，同时还有慰劳你们的意思。干部们平时都很辛苦，可绩效工资并不高。当时实行绩效工资制度，为避免干群矛盾，确保绩效工资方案顺利通过，各学校基本上都压低了干部的工资，所以此次外出估计是趁此机会对你们做一些小小的补偿。

只要当上干部，开会和被开会就成了日常工作的一部分，可没完没了的会议是大家十分头疼但却强烈依赖的一项工作。校长一边埋怨教育局召开的会议，一边又召集你们开会；而你们这些中层干部一边埋怨校领导召集的会议，一边又召集组长们、老师们开会。中层干部身处一个"上传下达"的位置上，往往参加会议的次数要多于其他人，因为那些可开可不开甚至完全没有必要开的会议，因为那些有必要开可是议而不决效率低下的会议，每日、每周、每月、每年都会消耗大量宝贵的时间，严重浪费生命。厌恶会议者似乎比热衷会议者要多得多，可是颇具讽刺意味的是：诅咒会议的人往往是些最不懂得开会，甚至最喜欢滥开会的人！

中层干部常常很苦恼，在校务会议上，你并不是会议的主导者，会议开多长时间由不得你，所以每次在低效的会议中，你只要一想到还有课要上，还有作业要批改，一想到部门还有一大堆事务在等待着你处理，你就会坐立不安魂不守舍。可一旦你们部门召集组长或教师开会，你就开始滔滔不绝起来，总感觉不把话全部说完，工作就无法推动，于是会议拖沓冗长、沉闷乏味也实属正常，见怪不怪。

从理论上讲，一个以教育为主业的学校，应该是比政府部门内部形式主义的东西少得多，如果你们学校从上到下还是文山会海的话，你们就应该检查和反思自己了。你要问自己：今天的会有什么实际意义？到底要起到什么样的效果？哪些人与这次会议的议题无关可以不来参加？你要明白，实际上学校召集的各种冠冕堂皇的会议，大多数起不了多大的实际作用，一些本来发个通知就可以解决的问题，却偏偏要所有人，无论有关还是无关人员都正儿八经地围坐在会议室里当听众"逐条学习"，否则就不放心，这实在是一种形式主义作风。所以，很有必要大幅度减少会议的次数，减少会议次数显然可以腾出时间来用于更重要的事情。此外，会议次数的减少会使会议内容更加精练，节奏更加紧凑，更能吸引与会者的注意力。

有些重要的会议是必须要开的，但也得限制会议时间。每次会议之前预估一下讲解会议内容要花多少时间，大家讨论需要多少时间，在会议桌上放个小闹钟，时间一到即宣布散会。就如同一个教师上课前必须备课一样，干部召集开会也必须备会，而不能等到大家都坐定下来了居然还不知道今天到底要讨论什么话题。

如果是由你主导的会议，那么你就有责任对会议作一个详细的准备，因为你讲话时间的长短与为它作准备的时间长短是成反比的，即发言的时间越长，为发言作准备的时间就越短——反正有的是时间，不如海阔天空、信口开河一番。反之，发言的时间越短，为其准备的时间就越长，你必须通过事先精心的准备，以确保自己在极其有限的时间里向别人展示事实和观点。不必在会议上谈与工作无关的话题，不必占用会议的宝贵时间去展现你个人的知识、风度、口才和魅力，提纲挈领就行。你在夸夸其谈的时候，说不定某个与会班主任的班级里学生打起来了！那些年轻教师家里的孩子正焦急地等待妈妈回家做饭呢！

总结下来，会议主要有五项管理上的功能：提供信息，汇集信息，解决问题，宣传政策，培育训练。我认为对管理产生最大作用的会议应是解决问题和培育训练这两个方面的，其他三种会议都应该寻找替代方式，能减少尽量减少。替代方式确实不少，比如发个便条、备忘录，给相关人员正式的书面报告等。你可能担心这些书面的东西虽然经济易行，可人们对书面的东西不一定看，就算看了也不一定能完全理解。其实，导致人们不能充分地从书面报告、留言中获取信息的原因恰恰在于会议太多，就如同课堂上学生不习惯自己从课本中获取知识和信息恰恰是因为教师讲解得太多了一样。至于那些为宣传政策而召开的会议，则只需将与此项政策相关的人员召集来开会就行了，比如评高级职称，只需对有意愿的和达标的教师宣传即可，其他人员则一律书面告知。

你们对低效会议的反思应该集中在以下五个方面：

（1）是否为满足无聊的需要而开会？有时候觉得大家虽然在一个校园里，可散在各处各干各的，那就召集大家开个会聚一聚吧，这类会议其实与交际或聊天没有多大差别。

（2）是否为开会而开会？比如例会，明明最近没什么内容可讨论，但因为惯例和传统，不开的话似乎少了件事，历来星期五下午都要开教职工大会的，这次不开会不会学校出事了？那就开一次吧！

（3）是否因为别人都开会了所以我们才开？人家教导处和政教处都开会了，我们部门如果不开的话是不是就显得落后？学校领导会不会认为我们部门工作散漫？你看连开会都要攀比，怎么可能是有效会议？

（4）是否为推却责任而开会？有些事明明你决策就可以了，可你担心风险问题，于是你怂恿校长专门为此开个会，召集了一大帮人来发表意见，哪怕最终决策是错的，你也可以脱身了。这类会议是欠缺勇气面对决策风险的管理者所惯用的伎俩。

（5）是否为逃避个别接触所可能产生的难堪局面而开会？比如全校只有两个人经常迟到，你作为质量管理部门领导直接找他本人沟通就行，而你偏要召开一次全校教职工会议，重申准时上下班问题。你不想直接找他们，却让那么多人的时间白白花费在了你的软弱上，使这些无辜的人也受到负面的评价而士气低沉。因此，这一类会议毫无实际效果可言，甚至会带来负面影响。

小陶，关于会议是否有必要开我已经说了那么多，会议确实是一种不错的管理手段，但它并非是唯一手段，也未必是最好的手段。你们即将去云南召开行政会议，讨论学校的大政方针，这样的会必须要开，但是要把重要的会议开好也不是一件简单的事。我们得讨论一下会议本身的有效性问题，我先提出有效会议的三项标准，供你们对照和参考。

第一条标准：目标能被达成。会议既然是一种管理手段，检验会议有效性的首要标准当然就得看你们会前设定的目标的达成度。如果这次会议能很好地总结上一学期的工作，又对下学期工作作出了规划，显然目标就达成了，那么会议才是高效的。

第二条标准：目标能在最短时间内实现。如果你们原定用两天的时间来讨论大政方针，还有三天可以让干部们在昆明休养一下，可结果却是你们讨论了四天，大家争论不休，连个初步共识都没有达成，昆明的鲜花都没见着就回来了，那么你们的会议就是低效的。

第三条标准：与会者对会议感到满意。开会过程中大家都能畅所欲言，虽然有些争论，可气氛很好，心情舒畅，对下学期工作充满憧憬，这就是个好会。如果想在短时间内实现会议目标，或者让目标尽快达成，而剥夺了与会者自由讨论的机会，让与会者很不满意，会议也是低效的。

想象一下，你们兴致勃勃地奔赴云南开行政会议，可居然开了个无效的会，那么为会议投入的一切时间、精力及金钱将全部"泡汤"。你知道经济学里头有个词叫作"机会成本"吗？所谓机会成本，就是指投入的时间、精力及金钱如果改变使用途径所能产生的效益。时间、精力及金钱本来可以用作多种用途，如果不将它们投入于徒劳无功的会议，而将它们导入其他途径，则可能因而获得某些更大的效益。

我觉得要开出有效的会议来，而且让大家满意，干部们就得培养自己驾驭会场的能力，尤其是要应对那些难对付的人，因为他们的存在，可能使你左右为难。比如说万事通的人，喜好辩论的人，容易怨恨的人，多嘴的人，犹豫不定的人，没有兴趣的人，有意与你捣乱的人，想出风头的人，奉承阿谀的人，等等。你应该仔细观察这些人，学会应对他们，那么将来你主持的会议也才会更有效。

小陶，要把这次寒假出席学校重要会议看作是一次难得的学习机会，相信你收获的一定不只是云南风光和美食。

你的老师　郑杰

27 在做中学

小陶：

你好！

你来信让我对你的学习提出建议，认为自己在管理方面的知识很匮乏，想趁着放寒假的机会给自己"充充电"，让我给你推荐几本管理理论方面的书。

你把时间和精力花在学习上我很认同，但是我认为多读一些人文修养类的书要比读管理类的书更有价值，如小说、哲学、历史都很好，平时很忙，不可能静下心来读这些书，假期空闲些，是个很好的读书机会。可是千万不要把宝贵的寒假时间废在读管理类的书上，也千万不要认为只有等到放假了，无人也无事打扰的情况下读大部头的管理书才叫学习管理。

对一个干部来说，学习很重要，这一点是毫无疑问的；把管理作为重要的学习内容，这也是对的；可是，学管理却不能指望通过读书来完成，因为管理实在是一项实践性很强的活动，非得在实际工作中锻炼成长。在1999年的世界500强《财富》全球论坛上海年会上，有人问一位著名跨国企业的总裁："您如何看待MBA？"这位总裁的回答令人大吃一惊。"MBA，我们不需要。"他说，"MBA教育是大学的事，企业所关注的是解决眼下的问题……"

我非常赞同他的说法，管理只有在管理中学会。

你要学习的不是多少管理方面的知识，而是管理的技能和能力。也就是说，如果有什么管理方面的内容最需要学习的话，肯定是技能和能力，而不是更多的管理知识；如果需要培训的话，也不是知识的培训，而是技能和能力的培训。管理技能和能力才是一个中层干部学习的重要部分，也就是要实行以能力为本位的学习。对干部的管理技能和能力方面的培训至少应该占整个培训量的80%以上。

我们长期以来缺乏针对学校中层干部的科学的培训体系，所以说实话好多学校的中层干部都不能胜任管理工作。比如说沟通，这是管理能力中最重要的部分，沟通能力的建立，实际上决定着其他能力是否可以建立和运用，可是不懂如何与人沟通的干部大有人在；再比如说领导团队，这是管理中的一个核心问题，可是似乎许多中层干部缺乏这方面的训练。你说与人沟通和领导团队，这些技能和能力关在书斋里能学会吗？

管理需要一定的学问，可是管理本身不能搞成学问。我再次重申：管理是一项实践性很强的工作，管理能力的提高只能在实践中完成。你得彻底地向传统的学习模式告别，传统学习方式也许适合其他领域，比如自然科学、哲学等，可是传统学习方式运用在学习管理，只会培养出眼高手低的书虫。传统的学习注重书本知识和系统的管理理论的学习，学习者待在课堂里听课，捧着经典教材按教材进度和章节安排学习，即使是案例教学，也是用别人的案例进行分析，这哪学得会管理？

中国传统文化一向重知识、轻技能，一提起管理，许多人自然而然地想到管理知识和理论，而对于管理技能并不重视。你不是管理方面的学者，不是理论家，根本不必像专家那样去掌握管理知识，只需掌握管理技能就行了。正像用电脑，你根本不需要懂什么C语言，你只要会用，就能提高工作效率。而许多人在学习管理时，本末倒置地学习许多理论、概念，就是不懂如何操作，结果，还是不能解决自己所遇到的管理问题。我最不愿意见到的就是，因为你太爱学习，看书多、听课多，但操练太少，因而通过操练养成一种管理行为和习惯的动作就更少了。

你要从对工作最有帮助的方面开始学习，管理岗位到哪里就学到哪里，工作困难在哪里就学到哪里，而不是先把所有的知识和能力全掌握了才开始工作。一个成长中的管理者，最好的学习方式就是在做中学。我知道你喜欢看书，你要尽量少看管理方面的书，先学"怎么做"，有空再学习理论。如果实在忍不住想看书，那就强制自己每次看一点点就够了，而后马上去练习与应用。如果你用于看书的时间是一个小时，那就必须配合另外四个小时来演练和实践。此外，书中凡是不能直接应用于工作中的知识，都可以忽略不看。

我不知道你们的教育局有没有举办中层干部培训班，如果是教育教学业务方面的培训，那你就好好听着，系统地学习，如果是管理类的培训，那你大可不必认真听课。不过，如果培训学习中有安排讨论的环节，那才是真正重要的学习，你得追着老师提问，让他回答你最关心的问题；如果轮到你发言，你一定要作案例分析，拿出自己的真实案例来剖析，无论成功的还是失败的例子，都要分析出个道道来才罢休。你千万别被培训班拖着走，现在的干部培训最大的问题就是缺乏针对性，那些培训班的课程与教学设计不是从学员的真实问题出发，而你的目的是要解决实际工作中的问题，并在解决问题中提高自己的能力。

举个例子吧，你想提高自己的工作效率，你找到相关的管理类书籍，读了也没什么用的。解决的办法就是，每天早上提早15分钟起床，把当天要做的重要的事罗列一下，做一个待办单，而后做好时间安排，并保证做完。晚上再把待办单拿来对照一下，看看是不是按照早上的计划把事情做完了。这么去行动，要比读100本如何提高工作效率的书都管用。据研究，使用待办单可以提高 10% 的工作效率，如果工作中的每一个环节，像沟通、目标管理等都能提高 10%，这些 10% 加起来，就可以为你自己腾出更多的休息和学习时间。提高工作效率从来不需要太复杂的理论，就这个小办法，一定有效，可是你能坚持吗？如果你能坚持，就会成为你的一种能力。

你在管理技能方面的学习主要是补短板，缺什么补什么，不要期待自己一下子能解决很多问题，也不必去想学习的完整性和系统性，在管理技能和能力的学习方面，求全没有太大意义。再举个例子，沟通是管理者的一项十分重要的能力。这里有两种学习方式供你选择，一种学习方式是听老师讲"什么是沟通"，"如何沟通"，而后根据各自的悟性，改善自己的沟通。另一种学习方式是，首先想"我沟通的障碍在哪里"，"我如何才能克服自己在沟通中的这些障碍"，然后应用几种有效的沟通方法去行动，直到找到较好的沟通方式，改掉旧的不良沟通方式。所以，问题的关键在于"改"这个过程。如果仅停留在听课和看书上，而忽视最重要的"改"，学习再多也没有用。

为自己设定的学习目标一定要小而具体，不要大而全。例如，你时间运用不当，整天工作起来像救火，很忙乱。如何改变？切忌制订全面的改进计划。因为人的改变是一步步进行的，不可能一下子就变成一个有条不紊、效率极高的人。就像下围棋一样，只能一段一段地往上升，不要想一下子升到九段。你可以这样制定目标：每天花 20 分钟作计划，并保证 70% 按计划做；同时分清轻重缓急。将计划做好了，再制定新的目标。

从学习的步骤上看，无非是先发现自己的问题，而后找到解决的方法和策略，接着作一个改进计划，一个小小的计划就行，迅速地投入行动，行动才是最关键的，而后对自己这一段时间的行动作出反思和评估，之后再去发现自己新的问题。如果按这几个步骤坚持学习，做到行为的改变，并变成自觉的行为，就可以实现能力的提升。

小陶，你们学校引入全面质量管理思想，理念明白了吗？如果明白了，质量标准建立了吗？如果建立了，可是一旦操作起来就乱了套，变了形，困难重重。问题出在哪里？问题还是出在干部身上，管理技能跟不上啊！所以只能继续按老动作老规矩去管理，理念再新、制度再好有什么用？只会适得其反。管理技能的建立是一个慢功夫，或者说，得由一个个动作、一项项技能去训练，日积月累才能成功。这一条请你切记！

最后，我希望你能有所改变，只有将有所改变作为你学习的目的，你才会进步。所以，今年假期，你把管理理论的书扔了吧！

你的老师　郑杰

教师犯错

小陶:

你好!

校长的一个电话打破了你假期的宁静,因为有个家长向教育局举报了你们学校的一名代课老师,这名老师租了一处民宅办家教,假期里招收了很多学生。那位家长认为他收了钱却不负责任,每次补课的学生挤满了一屋子,可是却只发练习卷让学生做,而后集体核对一下答案就了事。家长提出的要求一是退钱,二是要让那名教师付出代价。校长很恼火,便打电话给你,让你去处理这件事。你认为这件事很棘手,想听听我的意见。

我想,首先这不是一件什么光彩的事。你们校长很恼火,是因为这是一件丢面子的事,让学校的名誉受损,最忍受不了的就是校长,学校无论发生什么糟糕事,校长都负有责任。想必你也很恼火,但你恼火主要不是因为学校荣誉受损,而是因为你难得的假期泡汤了。可是,你此时还不能表现出恼火的样子,因为学校设立质量管理部门不是用来恼火的,而是用来解决问题的。你们部门的一项职能就是查纠所有违纪和违规行为,质量部门正确的心态应该是感谢家长,按理说违纪和违规行为应该由你们部门自己发现,现在家长替你监督教师,还不赶紧感谢他们?

你现在要做的第一件事就是找那名教师核实家长的举报是否属实，总得先查证事实，才能处理问题。如果举报内容与事实不符，那后续的其他动作就不必做了，你就安安心心地接着度假吧。我估计家长的举报属实，因为那位家长是实名举报，说明家长是有底气的。但你不必作什么猜测，质量管理部门的风格就是以事实和数据为依据来处理工作的，猜测和想象都没什么意义。那位教师是否租用民宅搞家教的事实不难查清，因为家长既然实名举报他，就一定愿意提供更为详细的信息，比如家教所收的费用，家教的时间与地点，等等。相信在事实面前这名教师是不会抵赖的。

下一个动作是查找相关条文，我翻阅了一下你发给我的你们学校的规章制度，在《规范性制度》中写着"本校教师不得从事有偿家教"；在《奖惩性制度》中写着"凡发生有偿家教的，扣发当月的绩效工资，情节严重的和屡教不改的，给予警告及以上处分，直至开除公职"。对照条文后，你给他的行为定个性，错误的性质很明确，当然是有偿家教，而且情节严重，对学校声誉的影响较大，应该给予警告及以上处分。而后你就可以写报告了，将事实和处理意见递交给校长室，这便大功告成了。

教师是否可以利用业余时间从事有偿家教，这似乎是个有争议的问题，我的观点是不禁止家教。为什么呢？因为教师下班在家里和在社会上所发生的事，都不应该由学校干预，不应该纳入学校的规章制度中。教师离开学校后发生了违法犯罪行为，应该由法律部门处理，比如某教师在社会上打架了，应由公安部门处理，严重的则由检察机关向法院提起公诉。

那你就要问了：难道学校对违法犯罪的教师就没有任何干预措施吗？有啊，在教师的聘用合同书上不是明确写着吗？严重的要开除公职。但是，有偿家教不同，没有任何法律条款写着有偿家教是违法犯罪行为，也就是没有法律部门会介入调查和处理有偿家教。世界上有多少服务行为是无偿的？就是路上捡到东西还给失主还都允许有偿了，更何况是家教服务？如果家长要告那名教师，实际上他找错地方了，不应该找学校，而应该找工商和税务部门，查他是否有营业执照，是否依法纳税，学校对这些都是无权查证的。

你可能又要说，有偿家教有违师德，师德规范有明确规定。我想，任何政府部门都无权制定道德方面的规定，教育部根本没有资格对教师的道德指手画脚，如果那样做，显然教育部越权了。谁有资格制定道德规范呢？行业工会或协会才可以，也就是教师联合会之类的组织，而且也不能强制执行，因为行业协会这样的民间组织对教师的行为没有约束力，它们也只能倡导而不能禁止。

有个问题很值得讨论：有偿家教不道德吗？有偿家教伤害了谁的利益？我看有偿家教造福了很多人，至少造福了学生和教师本人。你要说，有偿家教占用了教师的业余时间，他们忙于家教，上班时精力就不能集中。你的这条理由站不住脚，因为教师不从事有偿家教难道就一定会老老实实待在家里养精蓄锐？也许他还去打麻将呢！你要知道打麻将涉嫌赌博，那才是违法行为。你心想，有偿家教加重了学生的学业负担。那你就更错了，学生不参加你们学校的老师的有偿家教，还是会参加各种各样的五花八门的课外学习，由于正式的老师都被学校禁止提供有偿辅导，导致校外辅导组织聘请不到正式合格的老师，那谁在给学生课外辅导？这才是危险的！

那么，教师有没有可能为了家教生意，而利用职务之便诱使学生参加？当然有可能，一个业务能力非常强的教师，即使他不用给学生任何暗示，学生和家长也会趋之若鹜，相反，教师本身能力很差，他即使采取逼迫手段，也不会产生太大的作用。我们不要把家长想成容易上当的傻瓜，他们都会本能地捂住自己的钱袋子。即便有个别教师确实用了些手段让学生和家长就范，也不至于兴师动众严格禁止家教呀！一律严格禁止是行政管理无能的表现，至少说明了管理当局的懒政。

不要忘记你是质量监控部门，你们的工作是有边界的，你们只管校内的行为规范，你们不能管人的内心，包括道德、信仰、情感之类的都归上帝管。鉴于此，你的工作并未随着调查的结束而结束，你有一大堆后续的工作，这些工作都围绕着那名犯错（假定他真的犯错了）的教师展开。你得找到那名教师，把你递交给校长的报告的主要内容告诉他，因为你有责任帮助犯错的员工改正行为。在找他反馈信息的时候，你不能羞辱他质问他，不能在心里咒骂那个让你丢失了宝贵假期的家伙。你一定要设法把他错误行为的动机找出来，哪怕他此时做出委屈万分的样子，或者漠不关心的样子，甚至死猪不怕开水烫的样子。

因为他是代课教师，你得把他可能会被开除的事告诉他，你必须亲口告诉他。你有责任让他明白此时他的处境是多么的糟糕，他是多么容易失去他现在拥有的一切。你要让他正面回答你，他现在是否对自己所面临的处境还抱着无所谓的态度。如果他的回答是"是"，而且你判定他是在理智的情况下答复你的，那么你就可以收工了。而如果他在知晓可能会被开除的情况下，在得知利害之后，他的回答是"不"，这时你要明确地告诉他，你很想帮助他，帮他渡过这一劫使他继续在他的岗位上工作。

小陶，你只有这么做才是正确的，因为犯错的老师也是人，只要是人都可能犯错，而帮助他从错误中站起来，则是你工作的一个重要部分，按以前传统的说法，这叫作"治病救人"，照现代管理的说法，这叫作"有情的领导，无情的管理，绝情的制度"。虽然你在依据"绝情的制度"实施"无情"的管理，你也得体现"有情"的领导。你应该在他认识到事情的严重性之后，与他一起做一些补救的工作，比如陪同他一起上门向家长道歉，并亲手把学费退还给家长。也可视实情而定，可以承诺对孩子进行无偿家教，直到孩子的学业成绩有所提高。

小陶，没有人会轻易舍弃工作，尤其是一个代课教师，如果不是生活所迫，谁愿意在你们学校做一个代课教师呢？其实这名教师真正的错误在于收了钱却没有承担起应有的责任,让他作反思的重点不应该放在有偿家教上,而应该放在责任感上。你启发他引导他,才会真正对他未来的发展有所助益。

在上海,代课教师,尤其是那些年轻人,多半不是上海籍的,他们只身在外乡打拼,收入却只有上海教师的三分之一,而与上海教师一样承受着高房租和高房价。总体来说,他们比那些捧定了铁饭碗的教师更有进取心和工作积极性,如果你站在他们的角度上思考,办家教来补贴生活,也是在给老家的父母一个交代,这有什么问题呢?所以,你应该把这些话说给他听,让他明白对他的处理并没有针对他这个人。也许他比别的上海籍的教师更需要这份工作,更需要一个真正关心他的领导,你要帮助他渡过难关,而且只有你才能够做到。

在与他深度交谈后,你再起草一份详细的补充报告,将他对自己错误的认识及补救措施都记录下来。在报告的最后,你要用客观的语言为这名教师作一些开脱,这对他和对你都是至关重要的。小陶,帮助一个人、拯救一个人,这才是质量监控的目的所在,而开除职务,又能解决什么问题呢?

很可能你的上述努力全部白费了,最终学校解除了与他的劳动关系,你也无憾了,因为你尽力了。而这名犯错的老师也将带着对学校的理解而重新寻找工作,相信他一定能重新振作,并且学会如何去承担责任。

小陶,把这件事处理好,全身心地投入,比在家捧些圣贤书更值得。

教师犯错

你的老师　郑杰

29 精力充沛

小陶：

你好！

你在来信中详细地向我描述了对那名代课教师的调查、处理和帮助的过程，得知最终结果得到了各方的认可，尤其是代课教师被留用，看到这里我很高兴！

在信中你还赞叹我的体力和精力，得知我给你的这些信都是在路途中写下的，你很佩服。小陶，这就是精神的力量。其实，人的潜能很大，当一个人有了奋斗目标，专注于某项事业的时候，身体里就会迸发出巨大的能量，这能量之大会让你自己都感到惊讶。这是精神上的力量，我希望你也能寻找到这种力量。当一个人可以通过自己的努力让哪怕不多的人有所改变，让他们从此过得更好些，此生足矣！除精神之外，心理和身体也很重要：人最大的病就是心病，要拿得起放得下，不要什么事都放在心上，当一个人总是把那个"我"看得过重，心里执著于一些小念头的时候，实际上就是自己在与自己作战了，这怎能不累？体力也会是个问题，还是我上次信中对你说的，担任干部工作，对体能来说是个挑战。有了体能，你的精力才会充沛，才能全副精神去应对各种可能的局面而不至于常常作出错误的决断。

你的工作量很大，一般来说，为了让干部在群众中更有说服力，校长习惯给干部压担子，让你除了从事管理工作之外还承担大量的教学工作，甚至是班主任的工作。无论在学生面前、教师面前还是领导面前，你都不能露出倦容和疲态，于是你常常会硬撑着。这么撑一天两天可以，时间长了就会进入亚健康状态，就会得病，因此养精蓄锐很重要。在不减轻工作量的条件下，该如何保持旺盛的精力呢？我看唯一的办法就是设法节省自己的精力，如果你避免了以下情况的出现，就会让你宝贵的精力得以保存。

第一种情况是面临困惑。什么是困惑？困惑与困难不同，困难是在达到目标过程中的外部障碍。人们常说"办法总比问题多"，指的就是只要想方设法、开动脑筋、集思广益，把这些困难背后的原因分析出来，困难的解决之道差不多就已经找到了，这些困难早晚会被克服。可是比困难更难对付的是我们的困惑，困惑为什么会消耗人的精力？那是因为困惑常常会使你自我分裂，自我打击。而你面对困惑时连你自己也搞不清楚起因在哪里，你纠缠在其中，百思不得其解，最终消磨了你的行动能力和斗志，让你如同困兽般在绝望中斗争，直至耗尽你的精力。

精力
充沛

不得不承认，困难常常来自外部，而困惑则产生于你的内心，是你内心的挣扎。为什么你靠自己的一己之力很难将自己从困惑的煎熬中挣脱出来呢？那是因为其实你自己都无法真正了解自己。小陶，对于这句话你同意吗？最难了解的人就是你自己。我们常会自相矛盾地说：我该做这个，该做那个；也许不该做这个，也许做那个比较好。这样的一种纠结的状态就被称为是困惑了。困惑了怎么办？挣扎得出来吗？不能！因为人是如此的渺小，在困惑面前的挣扎都是无谓的，只会让你越陷越深，直到无路可走。面对困惑，你最好的解决之道不是思索，而是行动。

在有些小问题上的困惑，最好的解决方法是去做。举一个不恰当的例子，你的亲人病了，而学校正有重要的工作等你去做，这时你开始纠结了。何必呢？去做啊，要么放下工作直奔医院探望亲人，要么放下亲人去工作。如果你去探望亲人了就不必心中挂着工作，魂不守舍的样子，这在耗你照看亲人时的精力；如果你去工作现场了，那就暂且把亲人放下，全心投入工作，别牵肠挂肚的样子，这也在消耗精力。往往那些纠结的事都是无所谓对与错的事，相对于工作，你去探望亲人，那么你也错了；相对于亲人，你投入了工作，那么你错了。可是你想过吗？无论你去做什么都是错的，而恰恰无论你去做什么又都是对的。不要在困惑的问题上浪费精力，不必去想什么万全之策，如果有万全之策的话，就没有"困惑"二字了。

我记得自己曾经也常常被困惑包围，比如有一次一个广东的朋友邀请我去讲课，我一看时间表，完全有空当，就答应了。可没想到下了飞机后接机的师傅告诉我从机场赶到讲课现场，车程还需 6 个小时，我估算了一下时间，来回 12 个小时的路程，再加上讲课所需要的时间，怎么也无法按时赶到下一个目的地——武汉，于是我马上行动，与我的朋友通电话说我要放弃讲课。因为我一旦上了他们的车，其实就开始与困惑紧紧拥抱了，我成全了广州的朋友，可该如何成全武汉的朋友呢？我总会得罪一方，一定有一方会批评我不守信用，而我的原则是不得罪先允诺的一方。因为我迅速地采取了行动，所以我成功地逃脱了恼人的困惑。

更让人们困惑的是一些大问题，比如当时领导找你谈话，让你担任干部，你有些犹豫，可是无论当还是不当都不是坏事，如果你抱着学习和成长的目的，那当就当吧。当时，我坚决辞去校长职务，丝毫没有犹豫，好多人劝我要谨慎决定，我没有，因为无论当还是不当都没有太大关系，反正又不是什么要死要活的事，无非是换了一种为教育服务的方式。至于别人怎么猜测我辞职的动机，那是他们的事，与我没有关系。当时如果我从那家失败了的民办学校回到公办学校当校长，难道别人就不议论吗？人出了点儿小名总会被人议论，不如赶紧行动，在意那么多干什么？这不是白白耗费精力吗？

教育界有很多困惑，打开网站和报纸，成天在大讨论，让他们讨论去吧！我基本上不看报纸，也很少上网，只是去行动，你看关于减负讨论了那么多年，素质教育讨论个没完没了，现在又讨论什么均衡化问题，这都是些令人困惑的问题，能讨论完吗？你刚从一个困惑中走出来，很快就会进入另一个困惑，不会完结的，结果在教育界总是说的人多，真正行动的人少。你是个中层干部，一个执行部门的领导，你要将你的智慧花在如何解决问题上，而不是纠缠在哲学命题上。等到你有我那么空闲的时候，你再好好考虑困惑的问题吧，可现在不是时候。

第二种情况是抱怨。工作中会遇到不少困难，一旦遇到困难，就开始习惯性地抱怨，习惯性地批评家长不管教孩子，抱怨孩子们如何不爱学习，抱怨领导的错误决策，抱怨自己没有得到实惠。让人抱怨的问题还真不少，似乎学校有了最好的硬件设施，有了最优秀的生源，有了最了不起的家长，有了花不完的钱，学校就能办好了。有时，在非正式场合抱怨几句也无伤大雅，也是一种不错的宣泄，可在研究工作的行政会议上，在教研活动上，甚至在正儿八经的教育教学研讨会上，大家也是沉浸在一片抱怨声中，这就不应该了。等你抱怨完了，原来的那些问题还摆在那里啊！这不是浪费精力是什么？

毋庸置疑的是，教育确实是一项十分复杂而且难以驾驭的社会活动，教师和管理者在面临不可测或者不确定问题时心存恐慌，那些恐慌确实需要排解，但是停留在排解阶段是无用的。得把面临的困难写下来，把这些困难一一罗列下来，做好清晰的描述，然后逐一拟定解决计划。在解决问题的时候总要从最具体的和最小的问题着手，而不是一上来就搞个减负增效这样的大问题。你要是能把这么大的问题都解决了，非得诺贝尔奖不可了。用理性的态度，现实地看清困难，逐步找出答案，把大问题分解成一连串的小问题，然后一个个解决。你这么做，才节省了你的精力。

第三种情况是害怕失败。什么是患得患失？患得患失就是怕失败，你在开展工作推行某项新政时，每天都诚惶诚恐，那怎么行？比如说你们学校决定推行全面质量管理，当然会有风险，即使是一项很成熟的操作模式，要在学校推行的话也会有风险。或者说你只要做一件新事，哪怕只做一点点轻微的变化，都有可能面临失败。你要么就止步不前，要么就少想多干。

当年我在北郊学校搞改革，起先进展得比较顺利，可在启动绩效工资改革时却失败了。我在全校投票前公开说，如果我们不能在分配制度上有突破，其他所有的改革成果都将付诸东流，为显示推动改革的坚强决心，我还说把那天当成是自己最后一天当校长，如果方案不能被通过，我将主动辞职。后来方案果然未通过，我在北郊学校的"末日"也就到了。每个人都怕输，因为输了似乎会失去尊严，可失败其实是人生的一部分，我们可以从中学习到很多很多东西。以我为例，因为当年推动绩效工资改革，我成了这方面的"专家"，在我离职5年之后，全国都在推行绩效工资制度的时候，我成了炙手可热的人物。在我的印象中，我已经为至少20所学校稳定地推行此项工作提供了咨询服务。去做你害怕做的事吧，扫除恐惧，让内心充满力量，你就会精力充沛。

第四种情况是自我责难。我有个朋友，他的女儿留下一封遗书，与这个世界永远告别了。我心里很痛，但我知道更痛的是她的父母，他们已经憔悴得不成人形了。我对他们的劝告只有一个主题，那就是不必责怪自己，没有任何人在你女儿的问题上有过错，她太喜爱另一个世界了，她如此宁静地离开这个世界，不是因为厌恶，而是不再留恋，你们就成全她吧。这对可怜的夫妇显然不全是被哀伤而是被他们深深的自责击倒了。

自责总会把自己的力量消耗殆尽，所以不要总是责备自己做错了什么，过着谨小慎微的日子，反而要常常问自己做对了什么，不断告诉自己以后会有更杰出的表现。记得我曾有个用错人的深刻教训，我一直将他视为自己的朋友，对他知己般地信任，可是我没有得到好的回报，反而因他而在荣誉上受到了伤害。刚开始我很难过，也很自责，常常想着"悔不该"的问题，为这浪费了不少精力，人也变得越来越消沉，甚至一度怀疑所有的朋友。其实现在想来，自己为这样的事责备自己，很愚蠢啊！小陶，一个成功的人总是勇于新的尝试而少后悔，这样，你每天都会轻装上阵。

第五种情况是太在意别人的意见。别人的意见很重要，比如说你要买件衣服，请个人做参谋，这当然很好，可是你自己没了主张那就不行了，参谋只是参谋，拿主意的还是你自己。干部与一般老师不同，干部就得不停地拿主意，这方面你是偷不得懒的。你可以多听取别人的意见，这是尊重他人的表现。可千万不能失去你作为一个决定者的身份，否则你就失职了。怕就怕你过于在意别人的观点和看法，尤其是当有一群人七嘴八舌地给你提出完全不同的意见，而有些人手中有权势，让你不听还不行。比如你们校长的意见和你们书记的意见可能就不那么一致，于是你又开始耗费能量了：该听谁的呢？也许他们在你征求意见的时候也就随便提几句而已，他们自己也未必当真，可你把它当真了，这就错了。

精力充沛

一旦下决心了，你就会听到各种各样的意见，那你就更别在意了，衣服穿在你自己身上，你觉得合适就行，犯得着因为有一两个人指指点点就换衣服吗？你累不累啊！一项行政举措一旦颁布推行，总会有议论的，十全十美的政策和举措是不存在的，人们总是从他的经验和立场来提出问题，如果每个意见都在意的话，你将寸步难行。还会有一些议论让你不好受，总有些人会以恶意来揣摩你的动机，甚至话说得很难听。对这些议论你就更不必在意了，否则你岂不是放低自己了吗？

  小陶，精力旺盛绝不是吃了补药的结果，精力旺盛是一个人自我解放的成果。修炼自己吧，而后享受充沛的精力带给你的美妙体验！

你的老师 郑杰

点燃火把

小陶:

你好!

很长时间没有收到你的来信了。在这次来信中,得知你们学校今年中考成绩创历史最高,你教的两个班的成绩名列全区前茅,可喜可贺!有时计划确实不如变化快,你来信说,学校教科室主任被公派到英国学习一年,校长让你转个部门,去接手教科室工作。你在质量管理部门刚摸出点儿门道来,又得转个工作领域了,瞧,挑战又来了吧!我还是那句老话,快快乐乐地去迎接新的学习并从中获得新的体验。

我记得在你去年刚到教导处当主任助理的时候,我与你探讨了教学管理的四个方面的工作:事务性工作、过程性工作、建设性工作和发展性工作。你们学校机构改革以后,将教科研部门从教导处中分离出来,我想其用意就是要使建设性工作和发展性工作更专门化和专业化。据我所知,你们学校去年制订的发展规划中写着:在发展的第一个阶段规范化管理的基础上,现在要进入第二个阶段,将工作重心转移到推动课堂改革上来。

我提及你们学校的发展规划,是为了防止你只将教科研部门的工作看作是一项临时性的工作,反正代理一年,等主任从英国回来还是要让位给他。

千万别只作短期打算，也不要有什么顾虑：如果做得太好，把他比下去了，那不得罪人吗？如果做得不及他，又显得自己无能，这也不好办。"替人代班，不必求上进，只要不出差错不捅娄子就行。"如果你真是这么想的话，那就大错特错了，这代表你已失去公心，是圆滑的表现。小陶，我希望你成为一个成熟的人，而不是一个圆滑的人。成熟与圆滑，表面上看没什么大差别，而境界着实不同。成熟的人为推动工作而能恰如其分地与周围人和事相处，而圆滑则为自保而与各色人等周旋，前者表现出了一种干部驾驭复杂局面的能力，而后者则显得卑微和猥琐。

　　与你之前任职的质量管理部门不同，学校的教科研部门的定位有些模糊。有时做了许多很辛苦的事，却拿不出成果来证明你们的工作。学校教学上出成绩了，头功一定不会记在你们头上；学校有夺人眼球的大活动，风光无限的是政教部门，也不会轮到你们。这种定位模糊的情况往往会导致教科研部门的干部在其位而不谋其政：反正这个岗位上的工作弹性大，工作周期长，见效也慢，那就慢慢晃悠吧，每年象征性地搞几个课题，开若干次研讨会即可。

　　这个部门的工作越是不作为，其他部门越是对你感激不尽，你只要一有行动，就得布置教师写论文，就得占用教师时间。所以一旦这个部门开始不作为了，那么就等于将自己边缘化了，到头来就变成了一个可有可无的部门，成了一个"养老院"。稍有些作为的，大不了就演变成校长和学校的笔杆子，人们习惯地认为搞教科研的人能写就行。什么叫能写？能写不就是能"提炼"吗？把毫不起眼的日常工作能提升到一定的高度，并且将老掉牙的事包装成时代先锋的样子。你越这么做，越会让人瞧不起，到头来你们这个部门连同你在内都可能被批为不务实，不踏实。

　　说来也奇怪，除了基础理论研究外，这个世界上几乎所有领域内的研究成果都是造福于人的，都是让人的生活和工作品质得到提升的，至少是让人偷点儿懒的。可教育科研不同，教育科研说是让人搞研究，可搞出来的东西基本上属于"自娱自乐"，往往既不能提高生产力，也不符合学术规范，只是个塑料花而已，中看不中用。反而常常论文造假，倒是玷污了教师的清名，真正是得不偿失。那些搞教科研的人在学校不被重视，甚至连自己都不重视自己，这就是我所了解的现状。其实我是强烈反对教师搞科研的，教师搞出来的所谓课题报告极少有理论价值。所以，你给教科研部门的定位不应该是教科研本身，而应该是教师的专业成长，即以专业成长为导向而不是以研究成果为导向。因而，你的工作就是促进教师的专业发展。促进教师专业发展的方法和手段很多，而教研和科研只是诸多方法手段中的一部分，虽然那是重要的部分。

如果学校科研部门定位在提高教师专业素养上，那么从哪里做起呢？与质量管理部门的操作相比，质量管理部门只对教师的行为负责，而科研部门则要对人的思想负责。你接手这项工作后，先别想着申报课题之类的工作，别瞎折腾了，你的首要工作是为你们的教育教学活动引入新思想。质量管理就是要让学校有规有矩，而教科研管理是要让学校有一颗奔腾的心。在质量管理部门你是个后卫，你得坚守，这个部门是原则的化身；而在教科研部门，你应该成为一个前锋，一个发动机，你是一位雄心勃勃的人领导着一个开拓创新的部门。我希望看到你跳出旧的模式，把你的部门建设得与众不同。在工作中，你要大胆抛弃循规蹈矩、按部就班的作风，学校需要新鲜的空气，需要这个部门为学校创造出未来的无限可能。

点燃火把

小陶，学校的发展其实是一个解决问题的过程，如果不能发现问题、分析问题和寻找创造性解决问题的策略，那就不会有什么发展。教科研部门的工作就是从问题开始的。我们可以对问题进行分类，大致可以分成以下三类：

一是发生型问题。所谓发生型问题就是那些具体可感的问题，比如学校质量低下、秩序混乱，都是明眼人一看到就会发现的问题。

二是设定型问题。这类问题本来不是个问题，照原有的标准来看，大家都习以为常了，觉得挺好的呀，很正常呀！哪有什么问题！可是一旦换个标准或提高标准来看的话，那就是问题了。就比如说课堂教学，传统教学挺好的呀，多少年来不就是这么教的吗？我们以前上学的时候我们的老师也这么上课的，不是天经地义的吗？可是视角换了之后却不一样，我们的学生观、知识观、教学观一旦发生了变化，就会发现原来的课堂教学模式简直就是可笑的了，不改不行了。

三是未来型问题。这类问题不是现在的，而是将来才可能发生并对学生和学校产生影响的，可到那时才造成负面影响的问题隐患其实是今天埋下的。比如说你们学校决定强制推行某项改革，让大家在教学中一定要使用洋思中学的教学模式，这不错呀，试下来确实也管用啊，可你知道学校用行政命令强制推行的办法，后遗症有多大吗？有多少教师的工作积极性和创造力将会受到抑制，而提出与之不同的创新模式的念头和能力也一概被压制掉了。改革本来就应该是生机勃勃、生动活泼的，结果搞得灰头土脸，士气低落，哪有什么可持续发展可言？

质量管理应该更为关注发生型问题，而你们这个创新和研发部门则应该强烈关注设定型问题和未来型问题。你的使命应该是能让学校更多的教师因为你们的工作而迸发出了智慧潜能，让他们以不同一般的精神风貌和进取心来对待年复一年日复一日的枯燥的工作。你需要常常有变化，需要有许许多多的新点子去实践。

为此，你进入这个部门后，应设法为日后的建设性工作和发展性工作创造以下两个条件：一是让人们忘记你曾经是质量管理部门的，你得改变自己的形象，采取一些措施让人们总是为你贡献新思想、新方法和新技术，贡献那些也许是异想天开的好主意；二是让教师们更乐于接受新思想、新方法和新技术，让他们接受新思想是你第一个阶段的工作重点。小陶，要做到这一条其实不容易。如果你自己死气沉沉，哪有可能换来生机勃勃的局面？

而后，你应该有能力去征服那几个"老古董"。有些人顽固守旧、害怕创新，习惯躲在"安全区"内不愿意越雷池一步，你得找到他们的弱点，然后再想办法去"对付"他们，让他们随同大家一起去尝试新鲜的环境和事物。今天我去浙江的一个沿海发达地区，参加那儿一所学校的三年发展规划讲解会。我正在讲办学理念的时候，有一位老教师举手说，能不能互动一下？我说行。他说，我们要提高分数，这是我们的实际，你讲这些理念有什么用？我现在不如睡觉！在上百人的会场里，他竟然堂而皇之地睡着了。与他同时睡觉的不下于10人，清一色的老教师，都是男性。此时，我站在讲台上，很孤独。我得了红眼病已10天了，久治不愈，原没打算出门，我知道，现在我的眼睛一定更红了。一个教师心如死灰，而学校却无法再点燃他们心中的火把，我们的教育啊，哀莫大于心死！小陶，先不要考虑做什么应景的课题，赶紧去吧，去点燃他们！

根据我的研究，新思想、新方法或新技术的教育改革大致有以下几条策略，你琢磨一下，供你参考。

（1）既然大家都不愿意变，那么好，就沿用旧例吧，而后在老办法的基础上发展新模式。你不必兴师动众彻头彻尾地改动，搞得动静太大，反而加剧了人们的恐慌，反对派的阵容会因此扩大，你将可能成为众矢之的。你只需悄悄地将旧模式中几个关键性的地方和一些存在严重问题的、格外影响工作有效性的地方稍作改动。采取这种策略，比较温和，而且是渐进式的，所以容易被大家接受。

（2）你们部门经过细致的研究后，向学校领导提交报告，而后由高层领导决定后强制执行。由于你们这个部门相对来说势单力薄，而你又太年轻，资格还比较浅，所以你得借助于更大的力量。

（3）从群众中来到群众中去，你广泛地听取大家的意见，借老师们的意见和建议来办成你要办的事。有一条你要坚信：教师不都是傻瓜，人们之所以反对变革，一方面是出于本能上的对改革的恐慌，另一方面也说明传统的方式和做法有其合理性的一面。你想，世界上要是真有某一种教育的模式，既简单易行，又效率高，大家为什么不趋之若鹜呢？所以在策动改革时你得充分尊重大家的选择，他们毕竟教了那么多年书。作为一线教师，虽然学术水平不会有大学教授那么高，可他们恰恰又比其他人都更有创新的发言权。无论他们的意见在你的眼中是多么的普通，都别错过这个机会，花上一点儿时间，请大家把这个建议的来源作个完整的解释，或许你会有意想不到的发现。

（4）通过教研和校本研修活动，让教师们自己在工作中发现问题，并自己提出解决问题的方案。你不必替他们解决问题，而是关注解决问题的过程。你所要做的只是将听到、读到、看到的创新举动记录下，而后进行评述和褒奖。

小陶，教科室是一个传播新思想、新观念，引入和发现新方法、新技术的部门，更是一个启发教师学习，解放教师心智的部门，但愿你能早日进入自己的工作角色。

你的老师 郑杰

31 好好说话

小陶：

你好！

从你的来信中我得知你们学校打算推行"导学案"，校长决定全校教师必须撰写"导学案"，并让你们教科室主抓这项工作。你希望我对你们学校的这项改革发表一下意见。

我是一个热衷于改革的人，我怎么会反对你们学校的改革呢？事实上我不反对任何的改革方案，如果我反对，也只是反对盲目的和非理性的改革。不少学校热衷于改革，教育领域内的改革也一直是风起云涌，改革的明星学校层出不穷，各领风骚若干年，有令人眼花缭乱之感。许多学校因其改革成果而异军突起，改变了学校的命运，开创出了全新的局面。归结下来，这些成功地推行了改革的学校无一例外是"个人英雄主义"的胜利，也就是靠校长的权威领导，通过举全校之力，强势推进，破釜沉舟，势如破竹，才取得了阶段性的胜利。但是，这种自上而下的改革方式，教师始终处于被动的位置上，他们没有成为改革的主体，因此改革的后遗症也就特别大。

我在给你的上一封信中说，你们教科研部门得从引入新思想开始，其实是要你明白，改革要获得教师的支持和呼应，就必须从思想启蒙开始，这个过程是不可省略的，也是急不得的。我甚至夸张点儿说，为了这一目的，即使等待，等待100年也行。如果新思想没有真正被确立起来，那么改革动作做得再漂亮，也只是徒具其形而已，离开改革目标反而会渐行渐远。

不要怀疑人们改革的动机，关键是能不能说清楚为什么改革和采取什么样的改革方案，若回答不清楚的话，就是在为改革而改革，就会说出"理解了要执行，不理解也要执行"、"有条件要上，没有条件创造条件也要上"这样的话了。所以，作为领导学校改革的一个部门，就得把改革的这些根本问题向老师们说清楚，但前提是先向自己说清楚，你自己都无法说服自己，那如何能说服别人呢？以你们推行导学案为例，我不想就导学案本身发表任何意见，我只关心你们是如何推动改革的。人类有许多美好的理想，有若干有理想的人一旦登上政治舞台，就强制人们拥护他的个人理想，到头来很少能避免专制的巨患。所以，你们得从向老师们说理开始，而不能强迫性地灌输给他们。

你得愿意说理，只有你是真心实意，才可能做到不厌其烦。不是每个人都愿意说理，有人以为真理掌握在他的手中，教师只是无用的低俗的一群人，只要有权的人去驱使就行了，只要用点儿手段，一定乖乖地服从。不愿意说理的人，要么根本就没理，自己也说不清，所以怕说理；要么就是习惯于强权和霸道等非理性手段，他才不愿意低头与人说什么理；要么就是瞧不起教师，认为说了他们也听不懂，都是白搭。我觉得一所学校，从校长到中层再到教师，如果大家都陷入一种普遍的非理性、无是非的状态，那是很可怕的事。

为说服别人，你一定要把"事实"和"看法"分清楚。所谓"事实"是大家普遍公认的知识，而"看法"只是个人的看法。前者不需要你去证明，而后者是需要你费口舌去说服别人，清楚地表明你的想法为什么是正确的。比如，为什么在全校推行导学案呢？你有两种说服教师的方法：一是导学案可以促使学生学业成功，这是一个事实，你只需拿出实验证据就行；第二是校长认为或你认为导学案可以促使学生学业成功，这是一个看法。如果导学案可以促使学生学业成功，这是一个事实，那么你对教师实行导学案的说服工作就会变得相对简单，而怕就怕导学案可以促使学生学业成功不是一个经得起推敲的事实，那么你得好好花一番工夫将你的看法化为教师的看法了。因为你可以有看法，别人也可以有看法呀！凭什么你的看法就一定是对的呢？难道就因为你是主任或校长？

如果你认为你们学校必须推行导学案，你已经完全说服了自己，你也相信一定可以说服别人，那接下来要做的就是定义"导学案"。因为你要为别人发表看法做好准备，你如果定义不清，含义模糊，则可能向大家发出了无需讨论的信号。我从未研究过导学案，所以我当校长时从未推行导学案；我没搞明白成功教育是什么，所以如果我推行成功教育的话就不是在搞什么改革，而是在瞎胡闹。

为什么说那些定义模糊的改革方案是霸道的？那是因为你越不定义清楚，你日后才有更大的余地为自己争辩。比如推行"本色课堂"改革，可说不清"本色课堂"究竟是什么，那么谁提出这个词的，谁就拥有天然的话语权了，如果谁提出反对意见，那就会被扣上没有领会"本色课堂"的精神内涵的大帽子，甚至反对改革的更大的帽子。勒庞在《乌合之众》中说："词语的威力与它们所唤醒的形象有关，同时又独立于它们的真实含义。最不明确的词语，有时反而影响最大。例如像民主、社会主义、平等、自由等等，它们的含义极为模糊，即使一大堆专著也不足以确定它们的所指。然而这区区几个词语的确有着神奇的威力，它们似乎是解决一切问题的灵丹妙药。"所以我要提醒你，一定要把导学案到底是什么，清清楚楚明明白白地告诉教师，一定不要含糊。

现在有个不好的风气，就是大家都来造词，改革还没开始，就先冠名，五花八门的"某某教育"，直把改革当"改词"了。勒庞把说法翻新看成是宣传吸引群众兴趣的一个主要手段，他写道："当群体因为政治动荡或信仰变化，对某些词语唤起的形象深感厌恶时，假如事物因为与传统结构紧密联系在一起而无法改变，那么一个真正的政治家的当务之急，就是在不伤害事物本身的同时赶紧变换说法……就是用新的名称把大多数过去的制度重新包装一遍。用新名称代替那些能够让群众想起不利形象的名称，因为它们的新鲜能防止这种联想。'地租'变成了'土地税'，'盐赋'变成了'盐税'……如此等等"（勒庞，2005：86）。

我不希望你成为一个造词家，你应该成为一个真正的改革者。"导学案"不是你们学校研究和发明出来的，在你们引入导学案之前，应验证一下导学案所获得的成功是否是一个事实；如果这不是一个事实，那么就是一个"看法"了。导学案的成功无论是事实还是看法，都是有条件的。如果是一个事实，那么获得同样的事实结果需要哪些条件？比如是不是需要学生自身养成课前预习的习惯？是不是需要教师培养学生的学习理解能力？如果是一个看法，你得追问一下这个看法背后的假设，比如说假定学生有充分的做导学案的时间。有些看法和观点所内含着的假设是隐而不见的，无论有意无意地隐藏，你都得去核查出来。

大家都说分组合作学习很好，这就不是一个事实而是一个看法和观点了。这个看法和观点隐藏着许多的假定，比如说班额，在一个七十多个学生的班级里组织小组讨论几乎是不可行的。大家都说校本研修很好，可是如果一个教研组才三四个人，而这三四个人的水平也非常低，相互关系紧张，那么校本研修的条件根本就不具备。大家说教后反思很好，可是没有形成基本的课堂标准或对一堂好课的共识，反思有什么意义呢？如果在推行改革前对事实背后的条件和对看法背后的假定都做过验证了，就不必兴师动众地推行改革了，因为你自己说通了，你也就能心平气和地把大家说通。

以下的说话方式就属于自己也没想明白也无法让别人想明白的语言暴力。

比如说灌输，灌输时常用的话语方式就是下断言和重复。你说要做导学案，可你也弄不清楚什么叫导学案，那就在主席台上下断语吧："什么是教学？教学就是导学！"这话听上去有多么正确啊！因为你的断言越是简单明了，证据和证明越是贫乏，也就越有威力。很多广告词都是断语，下断语能有效地阻止人们思索，于是盲从这个品牌。我记得上海虹口区有条商业街叫作四川路，当时区长想出一句广告语："走走看看其他路，买卖请到四川路。"这就是断语，无法验证，也懒得给你验证。下了断语之后，为了阻止人们可能的疑问，你的第二招就是重复，你把导学案与师德联系起来，和服从学校大局联系起来，和改革开放联系起来，和学校的前途命运、学生的前途命运联系起来；你慷慨激昂，显得大义凛然，可这些全是废话，全是些永远正确的废话。当你没法证明改革的正当性的时候，你就得用修辞了，你不断地重复断言，而且措辞不变，让台下的听众情绪激昂，你就成功了。拿破仑曾经说过，极为重要的修辞法只有一个，那就是重复。而重复只能代表你的虚弱。

比灌输更糟的是套话。我十分反感各种形式的套话，你要动员大家做导学案，无非要说服大家，却说了一大堆套话，这说明你已经成了不思索的人，只有套话可使人在不思索的情况下还能滔滔不绝。如果给套话下个定义，也就只能是"一种动嘴不动脑的说话方式"。

说话时少煽情，教学改革是一件很讲科学的事，你用感情去动员和说服，那是在浪费感情。你一定要在理性不够时才诉诸感情；也不要用领导的名义和学生的名义，不要让人产生你背后有无数人支持你的错觉，否则你是虚妄的。你只需说"研究表明"或者"我认为"就行，别动不动说"我们认为"；也不要吓唬人，好像不搞导学案学校就要关门了，教育就要死了。当你信誓旦旦地说什么"如果不实行导学案，学校就没有未来！"之类的话时，作为你的老师，我将为你感到羞耻。

好好说话吧！

你的老师　郑杰

善意待人

小陶：

你好！

前两封信我谈到改革和推动改革，言辞有过激之处请谅解。我希望你能明白我的用意，我也只是发表了自己的看法和见解，并没有强加于你的意思，我最终是希望你能形成自己的看法和见解，这意味着你的成长。

我的下一个见解是：作为中层干部，你要以善意待人。

为什么要善意待人呢？这方面有现实的考虑。在我国，实行了教师聘用合同制，可这只是理论上的，事实上教师的退出机制并未形成。加之对那些工作态度差和工作能力达不到标准的教师缺乏有效的制约，即使是绩效工资制度也不能很好地调动他们的工作积极性。如果你不对教师好，他们凭什么努力工作？对也许并不在少数的教师来说，他们并不是为了崇高的教育事业而到学校工作的，全社会的价值观混乱和信仰缺失、社会不公正加剧了教师队伍的世俗化倾向。所以管理者对教师的管理不能不作出务实的反应。对教师好一些，这个现实的反应是建立在情感基础上的，人们并不那么看重志同道合，也不那么看重你手中的权力，那么就让大家看在你对他们好的分上。人心都是肉长的，以情感交换情感，以心比心，这在一些学校可能是唯一还靠得住的东西。

我们再从有利于教科研工作的角度来看,也得善待教师,大部分的教师工作压力大,往往陷入了职业倦怠之中不能自拔。教科研部门与质量管理部门的最大不同在于权威性,质量部门手里握着标准,而且不断地在用标准来衡量教师的工作,评估的结果又与收入挂钩,这无论如何都是一种威慑的力量;而教科研工作弹性较大,不易评估,在很多人看来教科研工作只是工作之余的额外负担,因而你的工作重要性增加了而你的权威性却下降了。甚至有些学校索性把教科室主任看成闲职,这个部门专用来安置不能胜任而又无法去职的中层干部。请记住,权力大小不在于你的行政级别,人们不关注你,你就无所谓有权。在这种情况下,就应该设法为大家创造一种温暖而美好的感觉,让人们不由自主地产生工作动机。最差的管理让人不敢,好的管理让人不忍。你在教科研管理岗位上求爷爷告奶奶的事多,因此你要"示弱"而不能逞强。你千万不能傻呆呆地等着下属们对你好,你要先对他们好!

那如何表示你的善意呢?秘诀就是干预他的"私事",尤其是教师在生活中遇到困难和不幸的时候,你该出场了,你的出场让他觉得很有面子。《论语》中记载:有一天,孔子和颜渊、子路两位弟子交谈。子路提起他的抱负说:"我愿意把我的车、马、衣、裘和朋友共同享用;就是用坏了,我也不怨恨!"(愿车马衣裘,与朋友共,敝之而无憾。)颜回说:"我希望能不矜夸自己的好处,不把繁难的事情推到别人头上!"(愿无伐善,无施劳。),这两人都知道要对人好,可子路和颜回的境界有高下,显然子路对人好是给物质财富,而颜回对人好则重精神,难怪孔老夫子更欣赏颜回。后来,子路想听听老师的意见,孔子说:"我要使老年人觉得安稳,朋友们对我信赖,年轻人对我怀念!"(老者安之,朋友信之,少者怀之。)孔夫子显然要比他的学生厉害,他根本不说对人好的具体方法,只说了对人好的结果。这个结果就是让人深切感受到你对他的好，这才是有价值的好。有时候你对下属好，可他们不领情，错在谁？错的还是你。因为你在公众场合为公事而对某人好，对方的第一反应就是："你为什么对我这么好？对我这么好是不是有什么不良动机？"或者你对某人公开示好，反而招来周围人对他的嫉妒，破坏了他赖以生存的良好生态，他反而还会恨你的好。所以，对人好最好在人落难时，你这时出手，便可大功告成，给双方都不留什么后遗症。

可是，在现实情况下有些人你怎么也做不到对他好，对此我还得提醒你，当中层干部从事管理工作最大的好处就是个人的成长，而试图转变自己，让自己心甘情愿地对他们好，正是你成长的机会。

就我个人来说，我最不能接受的是那些嫉妒心强的人。当年我担任中层干部的时候也很年轻，论资历和能力怎么也不应该由我担任，于是有些人心里就会酸酸的。嫉妒是一种很玄妙的心理，它像魔鬼，每个人都不曾真正摆脱这种感觉。我并不是说心里酸酸的是不正常的反应，不，正相反，当宣布我任命时有人心里酸酸的才是正常的，嫉妒是人类正常的心理反应，如果没有嫉妒心，怎么才能进步？嫉妒心反映在好的方面就是要强和不服输，它像精灵，总在人们倦息的时候予以刺激，使我们为之一振。我在这里说的嫉妒心强的人，是指那些自尊心、竞争意识以及想要压倒别人的欲望都特别强的人，若强过头了，嫉妒心的负面作用便显现出来，令我无法容忍他。他处处与我为敌，凡是我主张的他一概反对，凡是我下的指令他们总要提出不同意见。小陶，人际关系是非常非常微妙的，有时候对方一个神情或一个眼神都能让你心凉。

嫉妒心强的人喜欢指出自己并不熟悉的但别人却拥有的事物的阴暗面，比如你有辆车，他就会说家里养个车多麻烦而且开车很危险；嫉妒心强的人总喜欢贬低别人东西的价值，若你有个钻戒，他会说钻石不如黄金保值；嫉妒心强的人会在暗地里搞小动作，会在你做项目的过程中设置一些障碍，让你磕磕绊绊；有时他会进行人身攻击，严重的话还会有"泼妇"般的表现，当他讥讽你只是绣花枕头，金玉其外，败絮其中，你就认了吧。嫉妒的人常常躲避在一个幻想的世界里，他会在心里想：如果我想那样的话，我也能够做到，但是我就不去做！他们还会自欺欺人：是老天不让我得到这些，我应该对我的现状满意。他们总是精神胜利者，对得不到的东西常说："我没有这些真的是很幸运。"他们会沉迷于幸灾乐祸："看看，她倒霉了吧！"

可是，就是对这样的人，你也得对他好，你要从内心发出对他好的信号，不要装出样子来，而要真心实意。你得真切地认识到每个人都有嫉妒之心，想让那些自尊心和自信心特别强的人不产生这种心理是不切实际的。因此你得容忍来自他们的种种刁难，而不应排斥。如果与他对着干的话，就会让他越战越勇，将他的嫉妒转化为了恨。不要试图去教育他们，教育他们克服嫉妒心，这不可能让他改变，也不要与他们对着干，让他们的刻薄得逞吧，一如既往、善意地对待他。

要对有个性的教师好，因为相当一部分有个性的人都很有才干，他们自视颇高，越是在怀才不遇的时候，个性化表现越是鲜明。你欣赏他的才干吗？如果你接受这一点，那么也请你接受他由此带来的狂傲。从某种意义上说，消磨了他的个性就是让他回到平庸。小陶，大部分教师都是平平常常的，才华出众的人才是学校的福，要对他们好，要使教科研部门成为有才干的人的俱乐部。有个性的人天生不那么合群，他们常常特立独行，喜欢展示自己独特的一面，摆酷是他们日常的姿态。同时，他们未必都是破坏性的人物，他们的目的在自我！放心与他交往吧，他会为知己者死，一旦他们从心底接受了你，就绝不会为难你，不会让你尴尬得下不来台的。

个性强的人永远不会是争端的真正制造者，嫉妒心强的人才容易制造麻烦。个性强的人只是不屑于与凡夫俗子共同谋事，但是他们冷僻的性格，或是偶尔犀利的言语常常会给群体内带来一些消极的影响。因此你要设法安慰那些受他们刺激的人，并努力创造让他们独自工作的条件。尽量少拿他们与别人比较，而应让其独立表现。个性强的人为了保全自己的空间，不会有意挑战底线，因为虽然好表现，可他们担心一旦成为众矢之的，生存空间就会丧失殆尽。记住，他们渴望舞台，那就成全他吧。不过，对个性强的人也不要显得过分热情和过分关心，因为他们天生不喜欢，而且会认为那样太俗了，他们反感"俗人"。你得像对待"隐士"一般对待他们，尊重他们的私人空间，给他们自由度，与他们保持君子之交就行。

小心拍马屁的人。他们的阿谀奉承你要提防，别因为夸你几句年轻有为，你就得意地忘记自己是谁了。接受他们的奉承，往往会得罪那些不善言辞却脚踏实地的人，而且你很有可能在晕乎乎的时候对人和事作出错误的判断。那些奉承得过了头的人，最终也会挖空心思琢磨你，这就是谄媚者的最大问题。平时会有若干人特别的注意你，连你今天换了件衣服他们都会给出一大堆溢美之词，此时你应不动声色，在他们夸完你之后的一分钟内迅速地给他们布置一件稍有些难度的工作，这一方面告诉那些勤奋踏实的人你不会因为别人的恭维而放弃原则，另外一方面你可以利用他们的奉承，达到工作上的目的。

小心有背景的人。记得当时我当中层干部的时候，对有背景的教师就很不知所措。学校里总有一两名特殊人物，他们与一般人的不同之处在于背后还有一个或一串让你头痛的称谓：××上层人物的爱子或爱女，××关键人物的配偶、好友或同学。总之，他们与一些可能支配到你的权力的人物有着千丝万缕的联系，虽是普通教师，却有着不可估量的能量。当时我之所以会不知所措，是因为他们常常表面上比较低调，他们心里知道一旦飞扬跋扈的话容易引起公愤。但是他们往往有很强的自信心，所以不太惹得起，他们在暗处你在明处，什么时候你无意中惹了他们，你就等着"穿小鞋"吧。不过，正是因为有这种自信在，所以只要你引导得当，他们通常也会取得比同等能力的人更高的成绩，其实这些人自己也不愿意给他们的"靠山"丢脸。你要与这些人多作关于工作的交谈，越深入越好，一定要设法获得他们对你工作上的支持，你可以从他们那里获得很多正面的力量。不过，在生活上尽量要与其保持一定的距离，若即若离最好，因为靠得太近，恐怕其他教师会认为你在趋炎附势，这对你不利。

你不要认为青年教师很热情所以最好管，毕竟他们还面临着住房、恋爱、婚姻等生活压力和问题，他们常常会消沉，精神委靡，容易因失败而灰心丧气，所以职业稳定性未必很强。你得与他们交朋友，哪一天你能与他们无话不谈你就成功了。记住，今天他们是年轻人，将来就是这所学校的顶梁柱，今天你对他们的关注，从某种意义上说就是在为你的未来作准备。

老年教师可能会被你认为是个问题，可是从我的经验上看，对老年教师好，是最值得的，因为他们非常愿意站在你的角度思考问题，前提是你得让他们认为你是个孩子。虽然有些老年教师看上去思想保守、脾气古怪、行动迟缓，似乎与现代化的社会格格不入，但你千万不要小瞧他们，人生阅历决定了他们绝非等闲之辈，在学校最有责任感和教师风范的几乎都是老年教师。因此，我甚至可以绝对地说，要在学校里得人心，关键是要得老年教师的人心。善待老年教师，就得如子女一般尊重和理解他们，你要时不时地与他们聊聊天，听他们讲述以前的时光。虽然有时候他们讲起话来可能会令你很不耐烦，即使真是这样，也千万不要流露出这种神色，因为这会令他们十分伤心或恼火。你要一边微笑着把故事听完，一边适时地说一两句鼓励或是赞颂的话，比如"您那时真是了不起"或"你和当初一样棒"。千万别折腾老教师，让他们开公开课和写论文之类的，会令他们身心疲惫。

你是竞聘上岗的，那意味着一定有落选的或者主动辞职让位的，他们其实都是你的"老上级"，你得理解这些人隐隐约约的失落感。也许正是这些人当年看着你进学校当老师，还手把手地教过你，帮助过你甚至提拔过你，你不能忘恩负义啊！无论他们之前是否对你有恩，也无论他们在你们学校口碑如何，善待他们吧。善待他们的最佳表现就是多向他请教工作，毕竟"姜还是老的辣"。对于他们的意见，你一定要十分重视，千万要仔细斟酌。如果你不同意，也一定要拿出十分可信的理由来。对老领导老上级，你可以放心地与他们保持生活中的密切关系，他们一般不会有什么上进的斗志了，绝不会对你构成伤害；对他们好，也不会引起别人的不快，与现任领导走得太近才容易引发议论；让他们感觉到你仍是一如既往地尊敬他，会让他感觉欣慰，也会彰显你的美德。

总之，无论从现实考虑，还是从教科研工作考虑，抑或是从自身成长考虑，请真诚地善待教师。

你的老师　郑杰

积极错误

小陶：

你好！

得知你们学校全面推行导学案，目前进展得不太顺利，一部分教师开始抵触，还有一部分教师阳奉阴违，看来改革面临着较大的阻力。我想我在前几封信中已谈过如何推进改革的问题，这里不再多谈。我建议，此时你们部门的策略应该是化整为零，从大规模大兵团正面作战转为小股部队的游击战。

改革总是从一个局部开始，也总是从一小部分人开始作尝试的，一下子就全面导入的话，鲜有成功的。所以你要整编一下队伍，看看还有多少人有改革的积极性，把他们的心收拾起来，为这些人创造改革的条件，接着再战。改革既然开始，就绝不可以半途而废，否则你们行政管理系统的威望就会骤然降到底谷。

所谓的改革条件，主要是创造允许犯错误的环境，你得设法让一批对教育教学现状不满的人去尝试突破，如果不能形成鼓励突破、允许犯错的氛围，想做一步到位的改革，那只是在画饼充饥而已。什么是创新？创新从某种意义上说就是打破常规，按部就班、整齐划一地去行动，必然会窒息创新的欲望和冲动。小陶，教育改革永远在路上，那是因为这个世界变化太快，而且教育问题又是如此的复杂，所以通过创新来带动改革，似乎是教育永久的使命。

作为改革的主要参与者和主持人，你要为积极主张改革的力量提供一把"保护伞"。也就是说我主张你这个部门能保护积极的错误，让人们能更从容地从错误中接受教训。有人问爱迪生，你为了发明灯泡，找了5000种材料都失败了，看你多失败啊！爱迪生说，我没有失败，我成功地告诉所有人，哪些材料不能用作灯泡。如果我们对创新的人求全责备，那世界上可能永远也不会有灯泡，人类还会继续在黑暗中摸索下去。我在这里谈的是积极的错误，与那些因工作不负责任和能力欠缺引起的错误在本质上不同，积极的错误是为了追求正确而必须付出的代价和所承担的风险，学校改革获得成功不去承担这些成本看来是不行的。

那些工作了几十年从无半点儿差错的人，有些值得赞美，有些则不能。值得赞美的是那些工作认真负责、兢兢业业的人，工作中没有发生任何错误，这是良好的工作态度的表现；不值得赞美的人是那些躺着不干的人，他们从来不去尝试任何有风险的工作，只希望少干点儿，干简单些，最好什么也别干，他们犯错的概率当然就要小很多。从表面上看，两种人都没有差错，可是后者的零差错是不作为的结果，怎么能夸奖呢？

所以，我们不能以错误的多少来衡量一个教师的工作，所谓多做的多错，就是说干得多的人犯错的概率会更高，而他们恰恰是要保护的。小陶，你刚任职这个部门岗位的时候我就提醒过你，这个岗位完全可以不作为的，你安安稳稳地躺着就行，那就不会有犯错的机会，可是我不愿意看到你失去勇气，尤其是在你们学校推行的改革遇到挫折和困难的时候，你更不能退却。你应该成为你们学校犯积极错误最多的那个人，你要带头犯错。

此外，你还要区分，动机良善的错误也并非都是我所说的积极的错误。

有些错误也很积极，甚至动机很崇高，但它仍是愚蠢的。

积极的错误有时候指的是那些不可避免的错误，是为了寻找更有效的方法和策略的过程中的有目的的试错行为。这些错误能让你从中学到更为宝贵的东西，而且能让你越来越清晰地看到胜利的曙光。

刚才我谈了关于对待工作的积极错误，下面我想谈谈待人方面的积极错误。不要认为在待人方面必须都正确，有时在生活中与人交往时犯下的错误，也并非都是恶意的。我并不是教你学坏，我只是说做管理工作的人，头脑不能太简单，不可以认死道理，要有智慧才能打开工作局面。这里我想以谎言为例，我们都认为人是不可以撒谎的，因为这违背了道德原则。可是，道德从来不是教条，道德标准也并非一成不变，道德有非常丰富的情境性，在此地的道德也许会在彼地成为不道德，对此人来说的道德可能对彼人是不道德。所以谎言在生活的某些情境下较之诚实更道德，前提要看它是积极的还是消极的，积极的谎言是道德的，而消极的谎言是不道德的。

剧作家亨利克·易卜生曾说："假如你夺取了一个普通人的生活谎言，那么你也就是剥夺了他的幸福。"这句话的意思是说，并非所有的真相都必须说出来。比如，某位老师的普通话不标准，可他一直很努力地模仿，你怎么听怎么别扭，见着你来了，他兴致勃勃地问你：我的普通话还行吧？你怎么说？你能说不行吗？你当着他的面夸他进步多了。显然那是谎言，但那属于积极的错误，是一种美德。相反你如果实话实说，在当时的情境之下你却是不道德的。

在学校，总有一些被称为"工作狂"的人，他们整日都在不停地忙碌着，他们很可能是你所要寻找的尝试积极错误的最佳人选。这里我们要分析一下"工作狂"的成因。

从原理上看，"工作狂"可能是为了掩盖严重的情绪困扰和经济生活、家庭生活中出现的困难，所以将全部精力投入到工作中，这是一种逃避现实的表现。如果他们长期逃避现实而无法得到帮助，会导致"工作狂"的倾向更为严重，最终激化的矛盾很可能会摧毁他们的精神和心理的支柱。可是忙忙碌碌的"工作狂"，其工作效率并不高，甚至几乎为零，他们过分勤奋却收效甚微，这不仅困扰着他们本人，而且间接导致学生的厌倦感和学习热情下降。如果你能动员他们来尝试错误，效果会优于那些原本干得不错而不思进取的人。尝试一下吧，拿"工作狂"做个实验。这个实验本身也是在尝试错误。

你的老师　郑杰

34 现代学校

小陶：

你好！

得知你到教科研部门这半年来，已找到自己的角色，在推动学校改革方面，你的心结已经打开，敢于放开手去闯了，我着实为你高兴。最近你们学校在申报"现代学校建设"试点单位，校长让你起草一份计划，你似乎有些力不从心。从表面上看，力不从心表现在文字写作上，而实质上是因为你的头脑中未完全理解现代学校的内涵，脑子里的东西不够用，当然写不好。

我先说说文字方面。这份计划似乎在考验你的文字能力，人们对教科室主任的期待总是与写作联系在一起，虽然教科室主任并不主要是学校的"一支笔"，但是教科室主任不会舞文弄墨，实在是一件说不过去的事。你的问题主要在于文字方面的转型，我记得你读高中那会儿，写随笔很不错，如果你还保存着当时的习作本，一定还会看到我上面密密麻麻的批语。当时我对你的文采很赞赏，你是一个心中有锦绣的人，同学肯定不相信让你写东西你居然会面露难色。可是，很多人不知道，写感性的随笔与写理性的逻辑论文和计划，是全然不同的两种能力，我并不认为能写一首好诗的人就一定能写好论文和计划。

一份像模像样的计划，主要靠清晰、简洁并且恰当的书写能力，这与诗意表述很不同，就如我给你写信与我写一篇中层干部管理的论文不同一样。写计划和总结，得看你以下几个功夫：

一是要有逻辑。"大前提小前提""因为所以"这些逻辑关系必须清楚。你在大学学的是中文系，相信你修过《逻辑学》，如果忘记了，就拿出来重温一下。往往文字越长、内容越多就越是考验人的逻辑能力，所以为确保逻辑的严密性，一般都得先把框架搭好，就如同造房子一样，慢慢来。

二是要有系统性。一份计划就是一个完整的系统，第一部分是学校概况，第二部分是指导思想和目标，第三部分是工作任务，最后一部分一般是管理与保障措施。你可能要质疑：这不就是八股文吗？对啊，公文就是这个结构嘛，不必有多少写作方面的风格。如果不是这个结构，反而写出像诗和散文一般的文字来，那么你的文字除了具有观赏性之外，没有太大的操作价值。

三是要简洁。一位高明的公文写作者不会拘泥于不必要的套话或复杂而令人迷惑的语言，他们会尽可能地使用较少的文字，以清晰而简洁的风格表达所有的内容，善于综述信息或者提供简单的路径，使别人能够迅速找到要点。

四是要有预见性。你一边写一边得把自己当读者来读，想象一下读到这篇公文的人会提出什么样的问题，那么你的公文就得事先回答这些问题。

很少有人喜欢写公文类的文字，即便是达到以上能力的，也会厌倦写公文。但你总得要学会写，只有你会写了以后才能更好地读懂公文，也就可以去指导别人写公文。

以上我说的只是公文写作方面的知识，我认为那只是你写这份创建计划所用的形式问题。我认为更为重要的是你计划中所反映的内容是否显现出现代性。我始终认为，写公文时先不必奢谈什么现代教育，先要引入现代管理,才可能实现现代教育的目标。我把学校比作是个有机体,而教育是学校这个有机体的一项功能,为什么教育无法现代起来?原来学校还"原始"着呢!有机体有问题,必然导致教育的功能有问题。所以我想先与你聊一下现代管理观念。

第一个观念就是战略观念。现代学校管理者不仅要像一个高明的战术家一样去完成每一件工作,更应该以一个战略家的姿态,抢占制高点,从而在新的变化面前从容不迫。什么是战略?战略原意是指对战争全局的分析判断而作出的筹划和指导,它是与"战术"相对而言的。后来战略被广泛运用于政治、经济、科技、文教等社会的各个领域,泛指重大的、带有全局性质或者具有决定意义的谋划,因此所谓战略观主要是从整体、长远、根本上去观察问题。传统的学校管理从不讲战略,即使到了今天,我在与一些学校探讨学校发展战略问题时,好多校长甚至不少专家还都不认可学校有什么战略问题。究其原因,主要是因为学校长期缺乏办学自主权,不习惯于思索学校自身的前途命运问题,一切都由上级部门安排妥当,连战术动作都安排到位了,哪里还需要什么战略?所以,缺乏战略思考的学校,终究还是传统意义上的学校。

第二个观念是科学决策观念。决策是管理者的基本职能,大到学校决策,小到部门决策,到底应该用什么方式决策才是现代的?毫无疑问,就是科学决策。什么是科学决策呢?科学决策是指管理者遵循一定的科学程序,运用现代科学方法和先进科学技术手段,在科学预测的前提下,在充分切实把握决策对象的变化规律和条件的基础上作出决策。为做好科学决策,管理者应具备科学素养,至于你个人的阅历、知识、智慧和胆略,都不那么重要了。科学素养不只在于科学知识的渊博,更重要的在于科学的思维方法,那些凭灵感拍脑袋或者凭资历靠经验的决策方式是传统的,已无法应对日渐复杂多变的社会环境。

第三个观念是紧迫感、危机感和必胜信念相统一的观念。现代社会中，来自学校内部出现的危机和大环境大形势的变化都加剧了，这对管理者的驾驭和调控能力提出了严峻的挑战。从你当干部的第一天起就不再会有安逸的机会，而越是如此，管理者还越得对未来充满信心，否则就会轻易被压垮、被替换。你如果缺乏信心，总是思前顾后，患得患失，害怕失败，这样就更迈不开步子，你的压力就会变得更大。

第四个观念是时效观念。时间是最宝贵的资源，时间从来不能逆转，也不能贮存，它是一种不能再生的、特殊的资源。时间只按照由过去到现在、由现在到将来的方向前进，它不能停顿，不能间断，不能回复。因此学校应有效利用每一分钟，发挥时间资源的最大价值。人的生命是有限的，如果活到80岁，也就70万个小时，其中能有比较充沛的精力进行工作的时间就算40年的话，大约也就只有35万个小时，再除去睡眠休息，大概还剩两万个小时。想想吧，人一辈子只有这点儿时间用于有效工作，能不珍惜吗？如果学校管理中随意浪费教师和管理者本人的时间，那简直就是在犯罪了。所以管理中如果出现由于组织分工不明确，上下沟通不灵敏，内外信息传递不准确、不可靠，造成工作拖拉、互相扯皮，你说可恨不可恨？

第五个观念是信息观念。信息时代，信息的传播速度越来越快，全世界发表的含有新知识的论文平均每天有近14000篇，平均每天有800~900件专利问世，平均每一分钟就出版一种新书。过去每隔10~15年人类知识就要翻一番，如今3~5年就要翻一番。因此情报信息系统应该在学校建立起来，而管理者应能最敏捷地掌握信息，最有效地运用信息，从而能最果断地作出正确的决策，去创造更大的业绩。

以上我说了五个用于管理的现代观念，如果你们学校立志成为现代学校的话，先别说其他的，让你们的管理现代化了再说。

至于教育领域内的现代化，你只要把握世界基础教育发展的基本脉络就行。现代教育其实总体上要回答以下两个问题，一个问题主要由政府回答，还有一个问题则主要由学校来回答。第一个问题是要保障青少年受教育权利问题，不仅要保障他们的义务教育阶段的受教育权利，还要进一步保障他们继续受教育的权利。这个问题不应由你们学校回答，主要由政府回答就行。第二个问题是全球化背景下如何提高青少年素质的问题。当今世界各种文化正在相互碰撞和融合，青少年正越来越倾心于消费文化和跨国生活方式，但这种状况使他们脱离了自己的文化遗产和传统文化，教育能否做到使学生既能加深对当地文化遗产的了解，又能利用全球化所提供的开放机会？这个问题主要留待学校来解答。

作为学校，为回答好这些问题，就得将教育质量放在首位，重视对所有青少年的教育质量也是世界基础教育发展的最主要趋势。也就是说，关注质量是第一大要事，也是最为显著的，这与你们学校成立质量管理部门，实施全面质量管理不谋而合。但是教育质量是一个复杂而相对的概念，不同类型层次的教育在不同发展阶段存在不同的质量概念，目前来看，国际上对教育质量的评估主要集中关注三个方面的内容：（1）社会排斥程度。高质量的教育是反对排斥的，如果社会或者学校排斥青少年，不能承认青少年的多样性，不能让他们参与到社会活动中，那么暴力、旷课、吸毒、自杀、排外或极端主义等现象就会发生；（2）是否能够培养学生的生活能力。如果不改革课程和教材，不改革教学方式，不改革学校环境和教师的思维方式，就不可能培养这种能力，而缺乏这种能力，学生将无法融入社会；（3）教师的专业与作用。在未来社会中，虽然现代教育技术引入了学校，可教师的作用不会有所削弱，但对教师的要求会越来越高。

刚才我讲了现代教育将质量放在首位，接下来我想说的是现代教育的第二个趋势：把对教育的需求视为变革的动力，就是说，正是设法满足学生学习方面的多元化需求，教育改革才可获得真正的动力。因此凡不能更大限度地满足学生需求的改革都不应被视为是现代的。

第三个趋势是注重学习成绩的评估，以及如何将评估结果作国际比较。比如1998年开始，经济合作发展组织在29个成员国和少数其他国家中启动了一个"国际学生评价项目"（简称PISA）。其目的是通过一套国际教育质量指标和对各国学生进行抽样测试所取得的结果来描述各个国家学校教育的质量水平。

第四个趋势是坚定不移地消除不平等现象。这一趋势反应在我国，主要是做好均衡化发展。关于均衡化问题，我在这里不想多谈，你应该都明白。

第五个趋势是积极促进教育界内部与社会各部门形成合作伙伴关系，包括学生、教师、家长、非政府组织、媒体等。这个问题的关键是如何通过一种良好的管理体制有效且有创意地把各方面的力量统整起来，并在教育领域内实施法治，使教育变革要尽量少受执政者任期限制的干扰。

小陶，你正在写一份十分重要的计划，我从管理和教育两方面谈了现代问题，仅供你参考。我想就你们学校而言，应优先考虑管理问题，相信你能找到若干关键点，哪怕有一点点突破，都是在为中国教育和中国社会的现代化进程作贡献了。

大凡有作为的学校，都是在试图回答问题的，你的计划就是要写出致力于回答若干问题的味道来。而且这份计划与你们部门的工作关系密切，也将是你们部门未来工作的纲领性文件。你抓紧时间写吧，让我看看一所普通的学校如何显示其向现代学校迈进的强大决心的。

你的老师 郑杰

职业倦怠

小陶：

你好！

关于创建现代学校的计划，你把我给你的意见写进去了，可是你们校长对此并不满意，认为应该要体现以人为本和和谐社会、科学发展观的内容。可我不认为你们校长所提的这些词都是现代的，准确地说它们都是普世的。有些词句说多了以后就会失去张力，人们不再寻思它的含义，于是也就不再对人的行为产生任何影响。比如说"以人为本"就是这样的一个词。

什么是人本？人本就是要尊重人性因素。学校的人本，就是将学生和教师的发展看得甚至比学校的发展更为重要，也就是当人的发展与学校发展遇到矛盾和冲突的时候，以人的发展为重。小陶，组织与人性经常是背离的，组织运行的效率越高，人性所受的伤害往往也越大，那是因为为确保组织目标的实现，常常需要牺牲个人的利益和兴趣，于是组织总是会要求"舍小家顾大家"，总是希望员工放弃个人利益而为组织谋利益，希望员工放弃自己的价值而实现组织的价值。而以人为本是一个重大的观念变化，那就是学校作为一个组织，没有人显得那么重要，即使把学校从地图上抹掉也行，只要能保全人即可；推而广之，连国家都不重要，如果这个国家不能保护国民利益的话。以人为本的理念其实是对我们传统理念构成了颠覆性的影响，可是，我们似乎都不太在意其真实的含义，我们几乎每天都呼喊以人为本，可这仅仅是口号而已，有多少人把它当真？这就如同我们上海人见面的问候："饭吃过了吗？"其实这只是用来打招呼的用语，根本没有请你吃饭的意思，你千万当不得真。

以人为本还有更深的思想内涵，以人为本意味着学校对一切的个体差异，无论出身、信仰、知识水平、性格、价值取向等，都持理解和包容的客观态度，尊重并容许差异及个性化表现的存在。以人为本意味着尊重人性（不是神性），视教职工、学生、家长为平等主体，以为教职工、学生、家长创造、提升价值为己任；以人为本最基本的是要做到能够在实施教育教学管理的过程中，充分考虑教职工、学生、家长的需要及心理感受。

在学校里，最大的以人为本就是以学生为本了，也就是说，当教职工的利益与学生的利益发生冲突的时候，要优先考虑学生利益；而且，要尊重学生个性，为学生的发展创造有利的条件，学校的一切工作都以学生的健康发展为重心。具体来说，就是要将每位学生都看成是有其自身内在价值的客观存在，在精神、道德、智力、身体方面都有发展和变化的潜力；为每位学生的独特性而尊重他们，而不是因为他们有什么或者他们将成为什么样的人才尊重他们。小陶，我说的这些"陈词滥调"可能你都倒背如流了吧！可是，反思自己的工作，有多少是我们正在行动的和计划行动的呢？

管理者以人为本的理念主要应指向于教师的职业幸福，因为似乎当前教师的生存状态并不美妙，他们无法摆脱繁忙的工作和社会的压力所带给他们的疲劳感和职业倦怠感。从以人为本的理念来看，教师的那种"疲惫的幸福"不是真的幸福。这里涉及我们对幸福的理解，幸福不是目的和结果，而是意义和内心的收获。当前功利化倾向导致对教育结果的非理性的追求，离间了教育作为一种生活本身的内心感受与价值取向，把寓于生活过程中的幸福体验变为某种可以掌控的结果，那对于这个职业来说是没有幸福可言的。

如果管理者当真以教师为本，那么就得鼓励教师成为一个拥有"幸福"并会"生活"的人，可是你们却不得不要求他们按你们规定的要领努力工作，你们既希望他们努力工作又不希望他们因为繁忙的工作而放弃生活，这可能吗？生活本身才是获取幸福的唯一途径，同时也是体验幸福效能的唯一手段，而教育工作侵犯了教师的生活，哪有什么生活可言？如果我们撇开生活本身，那实在找不到任何一种能使人获得幸福的方式。

如果管理者当真以教师为本，那么就得鼓励教师去创造。幸福并不是确定的、恒一的，而是多变的，既然幸福是多变的，就只有在多变中才能把握幸福，而"创造"就成了把握幸福的最好手段。创造对于幸福有两种意义：一是唯有创造才有合乎人类自由本质的和目的性的活动过程；二是唯有创造，主体才更全面深入地参与生活，获得幸福的感受性就愈强。因此，不管是从人自身发展的角度还是参与生活的角度，只有创造才能不断地获取幸福，才能长久地把握幸福。可是你们允许他们创造吗？当创造同时也意味着打破你们苦心积虑确立起来的规矩的时候，你们还愿意吗？

教师们常常感觉到很疲惫，疲惫是一个信号，即职业枯竭的信号。职业枯竭往往反应在心理和生理两方面，比如总是觉得身体疲劳，精力不够用，不喜活动，怕喧哗；比如经常性的情绪低落，觉得工作没有意义，对外部变化感觉迟钝，也缺乏兴趣；比如精神疲倦，常常陷入莫名的忧愁和悲观情绪之中而无法自拔。当真以人为本的话，那么你得帮助他们。可是也许很不幸，有时候你也很有可能陷入其中不能自拔，你还得先解决自身的问题。

职业
倦怠

你要询问一下自己，关心一下自己：是否对上班感到恐惧，盼着快点儿下班？是否不愿和他人交谈，即使是朋友和家人？是否在工作中已无创新兴趣，也不那么热衷于改革，校长怎么安排你就怎么干，得过且过就行？是否被工作搞得筋疲力尽，常常想逃避？是否感到你的工作已经超过了你的能力,而工作已经占据了你大部分的休息时间?是否觉得你的工作报酬太少,觉得学校对你不公?是否工作时已心不在焉,经常出错,而你也不知道到底目标是什么方向在哪里?是否认为自己承担了太多不同的任务而感到应接不暇?是否觉得你的工作缺乏有力的支持?是否常常不得不应付消极的工作或愤怒的人?你平时是否很少参加娱乐活动,明显地在压抑自己?

如果是,那么你得拯救你自己。最好的办法就是要寻求他人对你的支持。人是社会的动物,人需要温暖,你需要主动寻求帮助,尤其是在困难的时候;你还应该享受家庭和独处时光,处于枯竭泥潭中的人,绝大多数都是将醒着的时间全部贡献在工作上的人,其实这么做对你及身边的人都是不公平的。回去吧,回到你来的地方,在工作之余,花一点儿时间反省、沉思、发呆,甚至做做白日梦,都可以起到放松、澄清,继而提升自己的作用,而且绝不会如你想象的那样影响你的工作。

不过,对一个中层管理者而言,消除自己的职业枯竭只是你最基本的职业要求,你更重要的责任是有效地防止教师们职业枯竭现象的发生,这大概才是管理者真正的以人为本。从你这个部门来说,你可能真正能为教师做的不多,但以下几条你必须要做到:(1)你要设法控制整个工作过程,尤其是在分派任务时,使每个人和小组的工作既不会过量也不至于不足;(2)绝不要朝令夕改,不能在某一个环节或步骤上变化太快,否则会造成普遍的压力,这会让人很不安;(3)借助各类活动鼓舞大家的士气,鼓励大家形成对学校的归属感和团队精神,而不是鼓励竞争,平时要多抽出时间与教师们一起吃吃饭甚至撒撒野;(4)在保持质量的同时,也要确保员工个人的满意度,尽可能地在工作速度和风格方面允许员工实行弹性工作,在对待优秀教师方面,你得有足够的胸怀,允许和鼓励他们超过你;(5)为教师提供机会,让他们参与决策,与他们切身利益密切相关的决策务必让他们参与;(6)发现他们的个性、特长和潜能,相信每个人都是最好的,而后寻找机会让他们好好展示和发挥,在你现在的工作岗位上,你最大的功劳不在于工作的业绩,而在于发现和培养了多少人;(7)积极地为有压力的教师提供及时的帮助,那些深深地陷入职业枯竭的教师,他们多么渴望你的温暖和关怀,为此,你得当好教师身心方面的顾问。

而以上一切的前提是,你自己的职业之花是否还绽放依然。

你的老师 郑杰

职业倦怠

走向前沿

小陶：

　　你好！

　　你来信说对以人为本的内涵已有所理解，我想对这些概念和术语的理解都应建立在实践的基础上。人本思想从未在我们这片古老的土地上扎根过，所以我对于这一思想在短期内能被教师理解持怀疑态度。

　　你在信中提到对创造性工作能消除职业倦怠深有感触，你把质量管理部门的工作与教科研部门的工作作了一下比较，认为自己的职业满足感比以前强，而这正赖于教科研的创造性劳动。你这样的感受与我一致，有人问我最不愿干的工作是什么，我回答说是高速路收费站的收费员，因为我很同情他们如此机械性的工作，即使给我再高的薪水我也不愿意，为什么？就因为它毫无创意，太容易倦怠。

　　现在不少地方在搞创新教育，可我从来不认为创新是学校教育的结果，学校少扼杀一些创新的念头就很了不起了。创新本来就是人的本能，是与生俱来的潜质，更是人的生命力量的体现，根本不是外部强加给人的。但是你虽然感受到了创新给你带来的生命活力，可是要取得创新成果，还得走到你研究领域的前沿去，否则别人早就创新过了，你还在创新这个，这岂不是笑话？所以创新这个词总是和前沿联系在一起的。创新是你们这个部门的主业。小陶，千万不要认为创新就是一种可以学会的技能，创新不仅是一种智力特征，更是一种性格素质、一种精神状态、一种综合素质。完整意义上的创新活动包含着一种追求卓越的意识，它不仅表现为对知识的摄取、改组、运用，对新思想、新技术的发明创造，而且表现为一种创新意识，即发现问题、积极探求的心理取向，一种善于把握机会的敏锐性，一种积极改变自己并适应环境的应变能力。而当你越是浸润在这个时代，就越能创新。

　　作为教科研部门的负责人，你有一项职责就是引导老师们创新，并对他们的创新成果进行评估，如果你不知前沿研究的信息，你就不可能胜任此项工作。所以你得做一个必要的功课，就是去主动了解、探求教育发展的趋势与前景，关注国家教育政策、方针的新动向；还得好好关注学校管理与经营方面的先进经验，关注不同国家、不同区域教育教学管理模式的相关知识。只有这样，你才能对教育的前沿问题具有比较敏锐的洞察力，并能够认识、预测到将来教育教学的发展趋势。

　　我不知道你有否看教育专业杂志的习惯，现在大家越来越意识到教师阅览室的重要性，不少学校不惜代价把阅览室装修得非常豪华，还备有咖啡和茶，可是依然门庭冷落，场景多少显得有些凄清。你平时事务性工作再多再忙，也一定要带头去那里，你得多翻看教育类专业杂志，不断地跟踪和了解教育行业，看别人都在关注哪些问题，现在这些问题都研究到什么程度了，对这些信息你必须如数家珍、了如指掌。不过，虽然图书馆和资料室总给我们带来温暖的感觉，但纸质媒介显然落伍了，无论人们接受还是不接受，我们事实上已经进入信息时代，信息技术本身从来不会改变我们什么，但我们的生活方式和学习方式可以因信息技术而改变。

　　你可以借助信息技术找到你希望找到的前沿知识。与机械时代相比，借助信息技术可以使你作为人的主体性得以更充分的展现，更有机会、更有条件从创造性工作中获得自我实现的机会。你们这个部门承担着提高教师信息化素养的职责。所谓信息化素养就是以信息技术应用能力为基础的，主要是现代信息技术与学科教学整合的能力,从教学目标、教学策略、教学方式、教学评价,到教学组织架构进行全面的改革和信息化,将信息技术系统科学地应用在教学的每一个环节,才是现代信息技术与学科教学完美的整合。

在这方面,你有太多的事要做。其中最难办的是师生角色的转变,信息时代构造了崭新的教学前景,对传统的师生角色提出了转型的要求。当时我做你老师的时候,学生都很敬佩我,那是因为我从大学中文系毕业,我的文学知识相对渊博,可是,现在,我的优势哪能和电脑相比?于是,教师渐渐从传统的知识传授者与灌输者转变为学生的导师,意义建构的促进者,课程的开发者、合作者,信息资源的设计和查询者,学生的学术顾问,研究者和学习者,角色的变化使教师不得不放弃信息的传播者、讲师或组织良好的知识体系的呈现者的工作,这是一个十分艰难的过程。为什么那么多老师无法适应新课程改革?因为角色转变实在困难,在这样一个终身化学习的社会,教师如果不能接受新知识、新技能,转变教育思想和观念,会严重阻碍学生的发展。

我说那么多,其实是向你传递某种急切的心情,我希望你能在岗位上大力推行学校的信息化工作,从你开始体验信息化生活,并且努力让所有教师都能通过这种体验,转变对教育的理解。我可以极端地说,一个没有被信息化时代熏陶过的老师,是一个早晚会被淘汰、被替代的老师;如果不向信息化进军,教科研部门也完全可以被替代。

小陶,今天我对你谈的是创新问题,我认为你所在的部门作为学校创新部门,应该走在前沿,你如果与信息技术无缘就走不到前沿。而信息化绝对不只是一个手段,信息化将让人的生活方式和工作方式发生改变。

不过,我必须向你重申的是,技术从来不会改变你,只有你愿意作出改变才行。

你的老师 郑杰

教育回归

小陶：

你好！

很高兴你再次与我讨论现代性问题，你最近似乎被现代性击败了：你反感现代社会的快节奏，你认为教育是慢的艺术，你同意一个观点，那就是教育应该要回到农业时代。我上次给你写的那封信，关于信息社会的大段论述，显然让你觉得不适。

我认为，教育是一种有目的的人类行为，是为培养人的。为什么有人提出教育是慢的艺术，是基于如今快餐式的教育行为，这些行为没能达到我们的教育目的。我反对教育的慢，这是为什么呢？因为并非慢的教育就能达到目的。教育到底快些还是慢些，取决于教育目的的达成，为达到目的当然是越快越好。提出教育是慢的艺术不是出于哗众取宠，就是试图阻止教育的进步。人生有限，虽然我们的理念中总试图让教育成为人生命成长的一部分，可是从现实考虑，教育毕竟还起到了为未来作准备的功能，从人的一生来看，受正规教育的时间越短越好，而不是越漫长越好。

你提到"生态"这个词，你问我生态教育是否是现代的。我认为，现代与否从来不在于一个结果，比如你用强制的办法做到生态教育，其方法和手段是前现代的，那么这种生态也是不可持续的，因而不是现代的。小陶，无论你们学校在作什么改革，导学案也好，绩效工资改革也好，如今你们提出创建现代学校或者生态教育、生态课堂，这些美妙的说法都不重要，我最看重的只是你们推行改革和创新的手段和方法。如果手段方法是前现代的，那么即使你们的改革目标是现代的，那么你们学校依然只是前现代的学校。

你们学校最近提出"生态课堂"这个新概念，你问我有何意见和建议，我没有别的想法，只是希望你们的推动方式也应该是生态的。什么是生态？在你问我这个问题的时候，我马上想到电影《阿凡达》里面有关于生态的经典场景，如果你回想一下那部电影，我想你一定会加深对生态的理解。小陶，不必为生态这个美妙的词而沾沾自喜，关键在于实质，生态的实质。

那么什么是生态呢？我想说一下生态的特征。

第一，生态里有无数个物种。如果一个生态环境中只有不多的几个物种，或者说生物的多样性被破坏了，哪还有什么生态可言？我将这一条引入课堂，就要让学校和教师建立一个重要的观念，那就是每一个学生都是独一无二的，每个人都是唯一的。差距和差异不是一个词，在教师眼里，似乎学生与学生之间存在着差距，这个孩子比其他孩子好，那个孩子不如别的孩子。而比得上还是比不上，可能衡量的标准就是学业成绩。可是，你知道为什么学生在学业成绩上会有差距？说到底还是由他的差异性决定的，差异让有些孩子不太费力就能考出好成绩而有些则再努力也不行。从理论上说，没有教不会的学生，可是要教会那些本来不适应考试的学生考出好成绩来，是需要条件的，比如说足够的时间和适合他们的学程和内容，可是我们却未必做得到，即使能做到我们也未必愿意这么去做。

人与人之间存在着差异，比如性别、家庭文化背景、智力水平、智慧类型、个性品质、学习风格、思维风格等，这些特质之所以被称为差异，是因为它们都是很难改变的，或者说几乎无法改变。因此对教师来说，要消灭学生学习上的差距，关键不在于改变学生的差异性，而是要尊重个体的差异，寻找到适合个体差异性的方法。一个好的老师，眼中不仅看到学生学习上的差距，这只是表象而已，还要能通过这些表象看到学生内在的差异性，去寻找适合学生差异的方法来提高他们的学业成绩。一些教师对学业成绩差的学生一律归之为学习不认真，这是对学生差异性的莫大藐视。

第二，生态中的一个显著特征就是绝不会有花盆和笼子。在生态环境中，每一个物种都在自由自在的成长。那么生态课堂呢？在生态课堂里，孩子们都应该拥有充足的时间和空间，我们的课堂充斥着教师个人的主观安排，把什么都安排满了，唯独不考虑学生的自主学习时间。孩子们从课堂里走出来，也许能考得不错，但是他们从未经历些什么，视野非常的狭窄，除了那些一知半解的为应付考试过关而准备的信息和知识之外，几乎一无是处。说到底他们都是些单向度的人，走上社会以后都很难有大的作为。

第三，生态里每一个物种都是自组织的。在一个原始树林里，没有园丁的存在，没人为它们施肥，没有人看护它们，而它们似乎总能按自己的方式成长。我们一提生态，就会想到"纯天然"之类的词语，就意味着外界对它们的干预很少。在课堂里，教学活动却有太多的人为干预，全然不顾孩子们的学习其实也是"自组织"的。我们老以为正式的课堂学习才是学习，于是把课堂搞成教堂般的神圣，学习变得如此的索然无味。什么是最好的教学？最好的教学一定是最适合学生学习的。为什么教学低效？低效就低效在我们总是低估了学生的"自组织"能力。

第四，生态的永远不变的法则就是物竞天择。一个物种的进化，其动力机制就来自于强大的生存欲念。在生态课堂，是不能没有竞争的，没有竞争性活动的课堂是没有活力的。但是，教师应引导学生追求卓越，即战胜自我，勇于超越，而不仅仅是为了战胜别人成就优秀。同时还得关注学生的合作型学习方式的建立，因为生态中，物种从来都不是孤立存在的，生态的一定是共生的和群聚的。所以，生态课堂构成了"合争"的样式，即合作型竞争。

第五，生态是有节律的，一旦破坏内在的节律那就是破坏了生态。比如海洋生态，每年都必须有一段时间的禁捕期，而森林中的小小的火灾也正是森林生态节律的体现。同理，学生的学习也有节律，一堂课的节律，一天的节律，一周的节律，一个学期的节律，只有按节律展开教学，才更有效。生态课堂是有节律的，快与慢，动与静，张与弛，疏与密，起与伏，都得有度，有美感。

第六，人们一说起"生态"这个词总能想到诱人的风光，生态环境总是非常适合生物的成长，这就要求生态课堂也应该适应学生的学习和成长。在学习的环境方面，我们以前的一些理解可能是片面的甚至是错误的。比如说，我们常常认为让学生在光线充足的教室里学习效果最佳，于是无论天气情况如何，也不管活动内容是什么，一律灯火通明。可是，研究结果表明，只有部分学生在光线充足时学得很好，另一些学生在弱光线下也学得很好。所以生态课堂就应该用纸板、书橱或屏风等在教室或图书馆布置一些光线强弱不同的小区，你总得允许学生选择适合自己的位置吧！否则哪能叫作生态呢？

再比如说，我们从来就认为让学生笔直就座时的学习效果最佳，所以上课时我们习惯性要求学生直挺挺地坐在硬椅上，我们根本不可能想象让学生坐在躺椅上、地板上听课，那还叫课堂啊？可是，我们有没有想过，让孩子们坐在硬板凳上时，人体75%的重量都落在仅有4平方英寸的骨头上，怎么会舒服呢？学生如此疲劳，我们为什么不能理解他们的苦楚？据研究，让学生坐在软垫或软椅子上考试，其成绩要比坐硬板凳时好得多，让学生随便就座的情况下考试或听课，可取得较好的效果。可是要打破我们的习惯却不容易，即使在我们明知道自己错的情况下。

不要认为让学生坐着专心听课，学习效果就会很好，我们经常提醒学生姿势端正，精神集中。可是却有50%的学生在学习时需要活动活动，那些孩子学习新东西时，换一下地方要比待在原处效果好得多。又比如，我们老认为学生在安静的环境里学习效果最佳，所以不断提醒孩子们保持安静，在学习时根本不允许放音乐和开电视。可是研究结果却表明，许多孩子学习时有音乐相伴，精力会更集中。

我们常常会要求学生抓住早晨的时间学习，一日之际在于晨！我们认为早晨学习的效果最佳，下午学习的效果会差些。可我们又错了，其实无论在一天中的什么时间上课，几乎都有1/3的学生或老师感到这个时间不理想，当学生一天中的最佳状态时间刚好与课程表一致时，旷课的次数就大为减少，成绩也往往有所提高；教师在最佳状态上课时，学生所掌握的东西要比相反的情况多得多！

生态课堂也好，生态型教育也好，总之是要以可持续发展为要义，你说它是现代的，也许又是最古老的，所以都是在回归，回归教育的本来。回归不是回去，不是回到以前的教育，所谓的慢教育就是怀旧了。回归是建立在科学的基础上的，否则最老套的教育反倒可能摇身一变，成为现代教育了，那岂不是差矣！

你的老师　郑杰

增量评价

小陶：

你好！

你们学校看来真想创新一番了！刚探讨了现代学校建设，导学案改革，又在讨论生态课堂。而你们校长最近又给你们部门下达了一项研究任务，那就是如何在你们学校建立发展性评价体系。我认为这项任务下达给你们教科研部门，是正确的选择，因为你们部门是教师专业发展的主管部门。但是，我发现你们对发展性评价的理解存在着偏差，你们错把增量评价当成发展性评价了。

你在信中说，你们在教师的教学评价中遇到了两个问题，这两个问题都与公正性有关，一是用一个标准对所有班级的教学质量进行评价，显然是不公正的；二是静态地评价所有班级的教学质量，如果不能看到教师的进步，那也是不公平的。从你的这段文字中，我看出你真正想做的评价方案就是不仅让教师的教学成绩能与别人比，还更希望能与他自己比。你们认为与自己比的评价就是发展性评价了，其实不对，这叫增量评价。

我们大致可以把评价方式分为两类，一类是奖惩性评估，就是通过比较将教师分出三六九等，便于根据他们的绩效来作为奖励与惩罚的依据，也就是说，奖励性评价是以奖励和惩罚为目的的评价；还有一类就叫作发展性评价，这类评价就是以促进教师专业发展为目的的评价，只要能促进教师专业成长的评价方式都可以纳入到发展性评价之列。历来这两种评价方式很难兼容，因为有多项研究都认为奖惩性评价不利于甚至有害于教师的专业成长。

那么增值评价属于哪一类评价呢？它属于奖惩性评价。为什么？因为虽然增量评价从之前的与别人比转向为与自己比，可还是在比，还是得根据比的结果来实施奖励和惩罚。发展性评价是不主张比的，也不与奖惩挂钩。不过你们提出增量评价也是一种进步，因为这么做可以使校内评价更为公正。尤其在实施了绩效工资之后，评价公正性的矛盾日益突出。严格地讲，这项工作与你们部门促进教师成长的管理职能背道而驰，可拿来研究一下也不是什么坏事。

现代教育评价的创始人拉尔夫·W·泰勒（R. W. Tyler）曾经指出：评价应该是既定目标与实际结果之间一个比较的过程。从公正角度来看，学校的增量评价可以更好地促进教师采用各种教学方法，向全体学生（包括相对优秀的学生和相对困难的学生）提供教育机会，并使他们取得学业进步。

在研究增量评价的时候，应明确以下四个目标：（1）评价应该考虑到学生的原有基础和进步幅度；（2）使对不同生源的班级进行相对公平的评价成为可能；（3）使教师更加重视学生的学习和他们的进步，不放弃任何一个学生；（4）提高教师的竞争意识、危机意识和责任意识。

如果要给出增量评价的一个基本公式的话，那应该是"增量＝输出－输入"。你最后研究出来的方案大致就是这么个公式。

在作增量评价前，得先看看国外的经验，再看看国内的经验。1984年，增量评价法最早出现在美国田纳西州，这个州甚至把这种评价方法纳入法律框架内强制推行，可说实话效果并不显著。英国倒是做得相当成功的，在20

世纪90年代后期，工党政府要求实施绩效与薪金挂钩的制度（Performance Rated Pay，简称"PRP制度"）。这些年来英国政府开始推行"层层教育问责制"，实行国家标准化考试，按增值幅度公布考试成绩排行榜。英国的几项制度设计非常的严厉，比如采取"点名即耻辱"的策略，向全国公开宣布"失败学校"（failing schools）的名单，关闭失败学校与失败的地方教育局；实行教师工资与学生统考成绩挂钩的绩效工资制；更严厉的策略是公布所有学校的学生标准化统考成绩排行榜，这一招可够狠的。这些策略的目的就是为了让学校和教师更好地对学生的学业成绩承担责任。

在我们国内，也有不少学校和地区尝试采用增量评价的，我总结下来，大致上有以下几种方式：（1）以班级学科平均分为基础的年级排位，计算各班进步幅度。这是最传统也最简单易行的方法。但是这么简单的方案并不能真正解决公正性问题。（2）以平均分为基础，辅之以班级学科标准差，计算各班进步幅度时考虑是否进步异常。例如，入学时有两个班级，通过计算机系统和统计程序的计算，使得每一个班级入学考试的平均成绩尽可能一致；到学期末，再计算出每一个班级期末考试的平均成绩、增值幅度和标准差；然后，依据客观数据，对各班教师的教学质量作出评价。（3）以班级学科平均分与年级学科平均分之差为基数，计算进步幅度。这种算法相对来说较简便，也较科学。（4）以每个学生在年级中的位次为基础，计算班级学科的平均位次，计算进步幅度。我一般会向学校推荐这种增量评价法，尝试后就会发现这种方法的诸多优势。

可是你必须认识到增量评价所带来的负面效应，这就是我为什么不主张奖惩性评价的原因。按照奖惩性评价要求，其实就是否认了学生学业成绩是教师集体劳动的结果。小陶，把一个班级学生考试成绩的高低完全归因于某一位教师，或者把某届毕业生升学率的高低完全归因于毕业班教师，都是不公平的，而且学生考试成绩不能全面反映学生的发展水平。在1986年5月，美国《国家为培养21世纪的教师作准备》的报告中指出："许多教师有理由对以成绩为依据来进行奖励的各种制度怀有抵触情绪，原因是采用了不恰当的衡量方法。最广泛使用的标准考试所衡量的只是很狭窄的行为能力，而对由更高的认知功能所取得的成绩，至今还没有研究出一种有效和适用的衡量方法。"关于这方面的弊端我不说也罢。

只要以学生学业成绩为基础的评价，它的负面作用都在忽视了很多很重要的东西，这将会使我们注重语文、数学、外语等考试学科的评价，而忽视音乐、体育、美术等学科的评价；会格外注重容易量化的评价目标，忽视不易量化的评价目标，比如团队精神、合作精神、社交能力、观察能力、探究能力、自学能力、道德发展等；比如会注重书面测试，忽视其他测试手段；会注重总结性评价，忽视形成性评价。所以你在研发你们学校增量评价的时候，必须将负面作用充分估计到。在我们解决一个问题的时候，绝不能回避由此而产生的问题，这才是科学态度。我对你在这个岗位上的最大期待其实就在于不要取悦于任何人，信奉科学而不是某个人，哪怕这个人有多大的权势，也不应该影响到你。

我建议你趁学校建立增量评价的机会，建立你们学校的目标管理体系。在这里我要给你提供一个可以实施的方案供你参考。你可以按照我说的步骤作一些尝试。

第一步：按班级的学业成绩占全年级的前30%、前60%、前90%统计各班所占的人数。

第二步：计算班级的基础目标分。如：某班有学生50人，进入年级前30%的学生有15人，每人计15分，合计225分；进入年级前30%至前60%段的学生有20人，每人计10分，合计200分；进入前60%至前90%段的学生10人，每人计5分，合计50分。

相加三段人数得到累计积分475分，除以学生人数50人，再乘以100

（不用乘 100 就能得 95 分）得到 95 分。95 分就是该班级该学科的起始基础分。

第三步：学校发布各班级各学科教师的基础分。

第四步：教师本人提出挑战目标。

第五步：统计教师完成分数，以实际完成分数减去起始基础分，就得到该教师的发展性增量分数。

第六步：超出教师本人提出的目标的，高于目标的部分不予奖励。

你试一下这个方案。我不敢说这个方案有多么完美，我只是希望至少能完成你们校长布置给你的任务。虽然这个方案根本不是发展性的评价方案，但它可能是奖惩性方案中最好的。

我希望你能通过努力将发展性评价的思想引入你们学校，增量评价虽非常动听，可是它毕竟落伍了。

你的老师　郑杰

39 经验反思

小陶:

你好!

收到你的来信我很高兴,好长时间没有联络了,得知你不断地琢磨教师专业发展方面的问题,我认为这是教科研部门务正业的表现。我以前也说过,你们这个部门存在的价值不在于出了多少科研成果,而在于有没有促进教师成长。

你在最近的来信中提到你在安排暑期的教师培训,你问我请哪些专家合适。我认为请专家来讲课没有多大意义,无非是讲讲理论,讲讲他们的实践经验,你以为会管用吗?花几天时间让大家听报告就能提高教师专业水平吗?小陶,你不能这么做,这么做没有什么实效,教师们听的大报告还少吗?如果你真的在考虑教师专业发展问题,就不能依赖这样的方式。

暑假里,大热天的,你们把教师召集来听报告,至少违背几条教育的原则:一是没有把教师当成是学习的主体,二是没有把教师的实践能力作为重点来看待。那种既不能把教师当作主动的学习者,又总是以知识灌输为主要内容的培训,是无论如何都没有效果的。即使你把所有老师全都送到大学里去深造,而后都拿了博士文凭再回到学校教书,也未必教得比现在好。所以你死了这条心吧，要是你只为了完成你们部门的工作任务而搞培训，那我能理解，你得交差呀！可是你要想促进教师成长，我劝你不必这么兴师动众了，那不管用。

如果你愿意听我劝告的话，我希望你能将"反思"作为促进教师专业发展的最好方式，不是在假期，而是在日常教学中让老师们在实践中反思，没有比这更能帮助他们成长了。反思已经广泛地被看作是教师职业发展的决定性因素，这方面的研究成果已经不少。基于这些研究，波斯纳（Posner）提出了教师成长的公式：成长＝经验＋反思。也就是说，教师的成长取决于他的实践经验，并对所获得的经验进行深入的思考，那么他才会成长得更好更快。所以在教师专业发展领域有一个定律：反思对教师改进自己的工作有独特作用，是教师获得专业发展的必要条件。得出这个结论的论证过程我姑且省略。我们要研究的是如何帮助教师进行反思，这才是你们部门的工作重点。

你得帮助老师们学会反思，让他们学会反思的途径主要有三条。

第一条是提问。反思起于哪里？起于老师们教学实践中的困惑，妨碍他们专业发展的也主要是那些困惑，正因为困惑得不到解答，让教师在专业发展的某一阶段停步不前了。那如何才能解除这些困惑？方法就是通过提供一系列供教师自我观察、自我监控、自我评价的问题，你得设法让这些困惑在教师面前变得清晰。在这方面，你要好好思考，多想一些帮助教师反思的问题，比如你设计出的那些问题都能够让教师反思自身，反思教学活动过程，反思教学实践策略，总之你们部门应该为教师反思提供澄清他们困惑的思考题，这些思考题其实是为教师的教学反思画了个路径图，解决问题的那张地图最重要！

第二条是写作。写作是对教学实践总结和提高的过程，你得指导教师写，把他们的反思用文字表达出来。在这方面你的工作重点应该在指导他们运用相关理论对实践进行批判性总结，反思活动就如同照镜子，谁提供理论这面镜子呢？当然是你们教科研部门了。

第三条是交流。反思活动可以是单个主体的内省反思，因为单个反思才会将问题引向深入。但是同事之间合作进行的协作性反思，可以使教师个体在团体内与其他成员充分交流、相互诘问的基础上，反观自己的意识与行为，可以从团体中获得自我发展的宝贵资源，从而达到个体相互促进、团体共同发展的理想效果。

我说的这三条反思途径，其中提出问题是最重要的，我甚至可以这么说，没有困惑和问题就不会有什么反思。教师要进行反思，首先就要界定具体的教学情境中存在的问题，了解问题是何事，以及如何通过分析和集体的讨论，准确地把握问题的本质。有时候，你得引导教师从无问题处发现问题。而后，在问题明确了之后，你得为教师提供智力支持，也就是要从教育学、心理学、社会学等相关学科的角度来描述和分析问题的总体特征。

当然，明确问题并非是反思的目的，反思的根本目的还是为了解决问题。这时，你的工作就是要让教师重新审视自己教学活动中所依据的思想，帮助他们吸取新的信息，明确解决问题所要达到的目的。然后对各种实现目的的手段进行评估，并寻找解决问题的新思路和新策略，在此基础上提出假设，制订新的实施方案，解决所面临的问题。这时要着力指导他们评估各种可能的解决方案，通过对各种解决方案所进行的综合比较，考虑其可能的后果，从中择优实施。

小陶，你要记住，科研的目的是要拿出成果来，反思不是科研，而是一种行动，其成果就在于帮助教师加深对教学的理解，使他们真正理解什么是学习，什么样的教学才是有效的。什么是教师的成长？加深了对教学的理解就是成长。

我猜想，你心里一定在问：反思能产生那么大的作用吗？是的，那是因为反思的关键在那个"反"字上,即反过来对自己行为的反复思考。杜威在《我们如何思维》一书中指出,思维的最好方式是"反思性思维"。它是"对某个问题进行反复的、严肃的、持续不断的深思"。就是这样的思维活动,使教师对自己所作的行为、决策以及由此所产生的结果进行审视和分析,从而提高了自我觉察水平。舍恩(D. A. Schon)对反思进行了深入的研究之后,他说:"专业实践者常常会思考他们所做的事情,有时甚至就在做的过程中进行思考。当一些事物令他们感到惊奇时,他们会对行动本身和隐含在行动中的知识进行反思。他们会尝试处理一些令人迷惑的、困扰的或者有趣的现象。当他们努力去理解这一现象时,也会反思隐含在自己行动中的理解,对其进行批判,重新建构,并体现在进一步的行动中。"所以,反思比培训更能帮助教师进步。当一个人总是进行有意识的思考、自我监控和自我评价时,还能不进步吗?

明白这些道理之后,你们的着力点应该放在开发上,也就是开发出促进教师反思的方法上。现在被广泛使用的反思方法主要有深度访谈、反思日记、反思性小品文、阅读随笔等。不过有些方法还存在着问题等待完善,比如行动研究、微格教学、个案研究等,虽然能有效促进教师反思,但它们更多的是促进教师的技术性反思,更多关注的是教师教学方法与技能的提高,而没有深入到教师行为背后的精神世界。

小陶,千万不要认为教师专业发展仅仅是教学技能的进步和知识的扩充,教师专业发展更重要的是教育观念的变革,特别是教师自己的教育信念以及教师自己对教育行为意义的理解的变革,而这些基本上都属于更深层面的反思。从你的工作出发,如果让你们学校的教师反思停留在自身教学行为或者教育教学知识和技术上,那只能是一种浅层次的反思,并不能从根本上推动教师的专业发展。你得帮助他们不断对自己教学行为背后的信念和行为意义进行深刻的反思,才能使教师真正洞察教育行为在什么样的情况下才是有效的，什么样的行为表现有助于扮演好教师的角色，进而帮助教师自己对教师角色产生新的界定，对自己的教育教学工作形成新的理解和信念，重构教师自己的新的专业实践知识。

你们工作的艰巨性在于，教师并不十分乐意持之以恒地参加反思活动，因为许多教师缺乏良好的道德和坚强的意志，所以你们的工作从来不仅限于技术。乐于反思的积极态度起到很重要的作用，这不是你们一个部门可以解决的，这与整个学校的氛围有关，除了给你们学校的高层领导提出建议之外，你基本上是无能为力的。

小陶，教师专业的发展是个十分复杂的问题，执行难度也非常大。但这些都不可怕，只要认准了方向，认准反思才是教师专业成长的几乎唯一的法门，那么作为一个创新与研究的部门，就可以在这方面多作些研究和探索。你要记住，凡有难题的地方就应该有教科室的身影，这就是你以及你们这个部门的价值所在。

最后我再一次提醒你，假期培训必须搞，这是你的本职工作。但不要寄予太大的希望，因为教师们不会从中获得太大的收益。有效的培训必须信守基于问题、能力本位、经验反思的原则。

你的老师　郑杰

人际交往

小陶：

你好！

学期快结束了，学校在做各项评优工作。你来信问我该如何评选优秀教研组。我想，一个优秀的教研组关键不在于出了多少教研成果，而要看这个组的团队合作能力。

在学校中主要有三种类型的团队：年级团队、教研团队和各类工作团队。在年级和教研团队中，我们似乎更重视年级团队的建设，赋予年级团队以更重要的行政职能，特别是不少规模较大的学校采取年级管理制，学校不少行政事务都通过年级组来上传下达，时间一长，教研组便被边缘化了。教研组的老师平时办公不在一处，沟通和交流的机会并不多，而且本教研组的教师之间往往又是一种相互竞争的关系，要比成绩，总是同一门学科更有可比性，同行成冤家，这并不奇怪。所以，如果评优秀教研组光看那些教研成果的话，并不能提高教研组的工作效能，特别是有些教研组的教研成果很有可能只是组内若干骨干分子的工作成果，与大部分"搭便车"的人无关。

小陶，现代教师有一项重要的能力，那就是交往能力，因为教师的职业特点就是要与人交往，与学生交往，与家长交往，与同事交往。在教师的教学行为中大部分都是交往行为，所以学校得非常关注教师交往能力的培养。一个交往能力强的人，会对人和人之间的关系保持高度的兴趣，他们态度诚恳、为人正直，以主动和热情赢得他人的尊重和信赖，他们的出现会使氛围更和谐。他们很能懂得他人的需要，能顾及他人的感受，懂得照顾他人情绪，能够恰当地聆听和表达。他们对不同个性的人都能区别对待，应对自如。有些教师的交往能力比较弱，如果不能很好地改善，那么工作中就会遇到各种各样的问题和麻烦。那些性格内向和过分关注自我的人，人际能力要差一些，他们不关心别人，对他人的情绪和需要没有兴趣，也不愿意聆听，只愿意以自己固定的方式表达和沟通，往往给人以冷漠的感觉。学校应该让教师明白：人是社会的动物，只有接纳别人，才能获得别人的接纳；要帮助他们学会真诚地听取别人的感受和想法，学会站在别人的角度看问题。

我们姑且不看教研组建设和同事交往，单从教师专业发展角度看，相当一部分教师的课堂教学效益低正是人际能力缺失的结果。因此，似乎课堂教学改革的重点就应该放在重建课堂人际交往结构上。

课堂教学中的人际交往结构主要包括交往的对象、交往的性质和交往的方式。

我们先来看交往的对象。传统课堂注重教师与学生群体的交往关系，诚然，无论采取何种教学模式和方法，课堂教学中的这一交往过程总是必不可少的。但是，教师却不太重视与学生个体的交往关系。教学的最终目的是使每个学生个体得到发展，而教师对学生个体差异性的认识不够，对学生差异性的甄别还缺乏技术支持，因而也总是有意无意地忽视学生作为个体的真实存在。因此，课堂教学改革就要引入差异教学思想，使学生的差异获得尊重并获得差异化发展。传统课堂最被忽略的是学生个体与学生个体之间的交往

人际交往

关系。学生群体是由多个个体组成的,但它并非是每一个个体的算术总和,而是个体间相互联系、相互作用的结果。所以课堂教学中,应该让学生个体参与各种形式的交往活动,为他们展开交往活动提供更多的时间和空间。如果我们再深入研究和关注课堂中学生个体与学生群体的交往关系,研究和关注学生群体与学生群体之间的交往关系,那么对课堂一定会产生更新颖、更深刻的理解。

我们再来看课堂交往的性质。一般来讲,师生间的交往性质大致有专制型、民主型和放任型三种。传统课堂的交往方式是专制型的,师生交往线路是单向的,且学生间的交往被割断了,教师用威逼的手段强制学生在自己的意志支配下行动,使课堂成为一潭死水;放任型的课堂交往方式,会导致课堂严重失控,当然也是要不得的;民主型的交往方式,正是新课程改革的重点,这方面我不想多阐述了,你都应该明白。刚才我说的是教师与学生之间交往的性质,那么学生之间交往的性质呢?是让他们竞争好还是合作好?竞争是指一种激发个人成就动机的活动形式,而合作则是一种个体间相互协调以达到某个共同目标的集体活动。在传统课堂,学生交往中更注重竞争关系,而新课程改革则注重学生合作关系的建立。

再看一下交往的方式。课堂中的交往主要就是通过言语交往和非言语交往两种方式进行。传统的课堂交往主要是言语交往,也就是以口头言语为媒介来进行交往,在借助言语交往时我们更强调表达,可是因为不注重倾听能力的培养,交往的效果就会有问题。在课堂中那些非言语的交往方式,比如声音和表情,并未引起教师足够的重视,而恰恰非言语交往却在交往中起到了举足轻重的作用。有研究表明,在传递信息的形式中,语言信号占7%,声音和面部表情这两种信号各占38%和55%。可想而知,非言语交往的重要性,那是不言而喻的。

我觉得要让教师先学会交往，而学会交往得从学会倾听开始。倾听是一种能力，是一种理解他人的语言并迅速领悟其中所传递的信息的能力。一个善于倾听的人，不仅仅是在用耳朵听，更是在用心听，在听的过程中总能站在对方的角度去想问题，也总能很好地鼓励对方表达自己的观点。一些倾听的要领应该让老师们掌握，比如在听的过程中，要与对方保持目光交流，并且适当点头示意，表现出有听下去的兴趣，没听明白的地方请对方重复或者是解释，等等。那些老打断别人的谈话，或没有了解对方的意图就开始发表意见，正是缺乏倾听能力的表现。

小陶，我之所以要谈教师的交往能力，是希望你明白，应该着力于把教研组打造成高绩效团队，对学校来说，团队正是赖以生存的基石，然而，和别人一起工作并不是件简单的事情，这就需要具备交往能力。要在推动课堂交往的同时，强烈关注教师在团队中的交往行为。

在这里要区分一下教研组与教研团队的区别，这两个词并不是一个概念。团队成员应互相学习和合作，团队成员应拥有共同的价值观，为共同的目标而努力。而教研组只是一个工作小组，如果不能在共同价值和目标下建立合作关系，那就不能被称为团队。

那么如何将教研组转变为团队？除了培养成员人际交往能力之外，还得指导各教研组做好团队设计。你可以让教研组长组织全体组员讨论以下问题：我的长处是什么？能否成为团队的有利资源？我的短处是什么？哪里需要培训或指导？我喜欢什么样的工作，团队里最适合我的工作是什么？我的价值观和信仰是什么？在讨论的基础上，各教研组拿出一份团队设计方案，主要包括：我们团队的优势和问题，我们的共同价值观，我们的目标，我们的行动措施，我们需要得到哪些方面的指导和帮助等。在完成了这几个步骤后，你们部门就可以评选优秀教研组了，这时的优秀教研组早已超越了工作小组的概念，已然成为一个高绩效团队。小陶，真正有利于教师专业成长的环境是团队。你们要做的就是绝不让一个教师单独行走。

不过，我更关心你作为一个干部的人际交往能力。我看到有不少中层干部本人的业务能力很强，也有一定的管理能力和经验，可是对教师的影响力、吸引力和协调力却比较差，于是管理效能很低。出现这种情况，原因是多方面的，但其中重要的一条就是人际交往能力较差。他们不能很好地感受、适应、协调和处理人际关系。所以，应该在以下几个方面去努力提升：

第一是感受力。你能不能正确地感知他人的内部心理活动和心理状态？如果不能，那么你与教师就不能建立良好的情感关系和信任关系，你与他们"话不投机半句多"，就很有可能产生交往障碍，最终导致人际冲突。感受力不仅仅是指你对他人的感知，你还应能正确感知自己的行为后果，并清楚地判断自己的一言一行、一举一动可能在学校里造成的积极的和消极的影响。还得正确感知人际环境的变化，你要善于正确认识和了解学校各种人际关系，洞察关系形成、发展和变化的原因，分析其人际冲突的症结所在及其产生的后果，否则你很有可能寸步难行，或者走不长远。

第二是理解力。善于理解是赢得人心的必不可少的条件，不善于理解人的管理者，往往会在工作和交往中有意无意地伤害他人，造成人际关系紧张。我认为你要经常提醒自己要有与人为善的态度，尽量不要把对方想象成一个坏人，不要用恶意来揣摩他人；你要善于体谅他人的困难，同情他人的处境，理解他人的行为表现和现实要求，并尽可能地帮助他人解决一些实际困难，从而达到感情上的双向沟通。

第三是记忆力。你应该记住每个教师的年龄、家庭状况、兴趣爱好、心理状态、个性特征、工作成绩、奖惩情况、业务进修情况以及与他人交往的情况等，这应该成为你的一项基本功。记住这些信息，在与教师交往过程中你流露出来的情感态度才更真诚,也更能让他人感觉到自己被重视。

说了那么多关于人际交往方面的内容,并不是为了让你成为一个八面玲珑的人,我希望你能关注自己这方面的能力,良好人际关系的基础就是真诚,我相信你会做得很好,而且通过你们部门的努力,你们学校的老师也能做得很好!

你的老师 郑杰

人际交往

吃亏是福

小陶：

你好！

你来信说自己的工作岗位又一次发生了变化，去年去英国学习的教科室主任回国了，而你被学校派到远郊的一所农村学校去支教。领导找你谈话，说让你去艰苦的地方锻炼。你感到有点儿委屈，为什么非要派你去？我的意见是，你必须去，而且要高高兴兴地去！

首先因为你是干部。相对于教师，似乎更应该由你来吃这个"亏"。老师们对领导干部的要求比较高，甚至还有些挑剔，我想你在这方面应该是有准备的。有时候大家对你的一举一动还表现出了不宽容，其中最大的不宽容就是你的钱比别人拿得多。即使你拿的钱比普通教师还少，大家还是会怀疑你有灰色收入，而你要是业余时间再去搞点儿家教之类补贴家用，那就更了不得了，要引起公愤了。所以由你去农村学校支教而不是由普通教师去，是合理的。

其二是因为你年轻。相对于那些年龄偏大的干部，你的资历浅些，还不具备与学校高层领导"讨价还价"的资格。年龄大的教师家里上有老下有小，生活压力大，身体状况可能也不太理想，所以由你去支教而不是由老干部去，也是合理的。

其三是因为你能干。如果你们学校领导的话当真，那么派你这么一个能干的人去支教，就是给你一个锻炼的机会，或者是"立功"的机会。有时，去艰苦的地方锻炼一段时间是在为升职创造条件，尤其是在几个候选人能力旗鼓相当的时候。

基于以上分析，这个"亏"你是吃定了。更何况去农村学校工作一段时间可以丰富你的经验，给你更多的实践机会，本来就是一件好事！所以我要恭喜你。在这里我要送八个字给你，那就是"安贫乐道""知足常乐"。

我用这八个字劝勉你，不是叫你得过且过、不思进取。我们一般是用积极进取来描述做事的状态，而我说的这八个字却是做人方面的要求，这八个字是一个自我保全的尺度，也是一个自我发展的考验。如果你自认为无法做到安贫乐道和知足常乐，你对自己秉持这样的生活态度全然没有信心，那么说明你并不适合做干部。中国老百姓对领导干部的要求，历来是注重"见利思义"和"勤奋节俭"的，这已经深深地根植在民族文化之中了，或者说已经成为无法更改的基因了。

我觉得去农村支教是一个自我修炼的机会。如何修炼自己呢？在这方面，你要多亲近传统文化。比如，《中庸》说："修身以道。"具体来说就是致力于格物、致知、诚意、正心。所谓"格物"，关键在"格"字，是"彻底研究清楚"的意思，也就是彻底研究事物之理。引申到中层身上，那就要钻研一门学问，做到精通的程度；所谓"致知"，就是指对知识的通达和豁然贯通，成为一个广博而有智慧的人；所谓"诚意"，是指人的意念真实无妄，你对人诚恳讲信用，既不欺人，也不自欺，一切都很真实与透明；所谓"正心"，是指你的良心放在了中间，不偏不倚，合情合理地看待事物，尽心尽责。什么叫作修身？若时时拿着这四条来反思自己，鞭策自己，便是修身了。

小陶，你不要将修身仅看作是道德修为方面的事，孙中山先生说过，"正心、诚意、修身、齐家的道理，本属于道德的范围，今天要把它放在知识范围来讲，才是适当。"也就是说，中层管理者的修身，其基础还是在知识和学问上，尤其是要先格物、致知，而后以求得知识指导自己的感情，使自己的理智可以充分而自如地控制自己的感情，以与感情达到一种平衡。

对教育管理者来说，你的管理对象即为有知识者，而且是有知识的教育者，如果你不能从"格物"开始，彻底把某一事物的道理研究清楚，相反甚至在本学科教学方面都一知半解，那么在学校中是无论如何也无法服人的。作为一个管理者，一定要在管理专业方面达到"致知"的程度。如果说教师有"双业"：学科的和教学的，那么中层是"三业"，即加上管理这一专业。只有在某一学科、教育教学和管理上的学问达到致知，也就是对所知很透彻了，到了信之笃、执之固的水平，方能进到"诚意"的深度，方能心无旁骛，志归于一，从而"正心"，才能终于成就了自己，也就可能成就你的下属，并使他们自觉自愿地成为你的追随者。

修身完全不是将自己反锁在房里做"苦行僧"，修身要从管理中的问题开始。为什么我认为去农村学校工作是一个很好的修身的机会？那是因为修身就是要把那些工作中令你烦恼的问题拿出来一件件地追根究底，找出其中真正的原由来。这件工作会让你耐下性子静下心来，渐渐地你会由精到通，你的修身便已成功一大半了。而自己不愿意去支教，心中带着怨恨和不满，那就永远做不到"格物"，心浮气躁还修什么身呢？

你去那所农村学校，会进入一个新的人际关系圈，你得像个"君子"。在我们的理解中，说这个人是君子，与性别无关，而是在说他没有阴谋，坦坦荡荡，诚实有信，说到做到；反之，小人则是嘴上一套行为上另一套，是一个不能被人信任的势利者。在我国古代，关于君子的内涵要比现代丰富得多。在此略作些归纳，供你参考。

（1）君子是有信念的人，从不左右摇移。孔子说："君子固穷，小人穷斯滥矣。"孔子认为，只有君子才能够守穷。为什么君子能够守穷呢？那是因为君子具备了守穷和耐得住寂寞的资格和条件，他们即使处在贫困中，还是能够信仰坚定，绝不动摇。小人则相反，如果穷了什么事情都可以做，哪怕违背道德原则，哪怕做出为人不齿的事。所以孔子坚持认为受不了穷算不上君子。

（2）君子善用谋略而能做到不"失"。孔子告诫说："可与言而不与之言，失人。不可与言而与之言，失言。知者不失人，亦不失言。"这段话的意思是说，有些人明明可以与他说话却不和他说，那就是对不起人了；而有些人无法和他说话却忍不住对他说了，那就是浪费，不仅浪费而且还得罪人。我的理解是，孔子的"言"是指"直言"和"实言"，有些人你不能对他有话直说的，你对他"直言"，若他缺乏这样的胸襟，他不仅不会从你的直言中吸取养料，反而会记恨你甚至还要报复你。可有些人，你当说不说，则对他的成长和改进失了职。对你的上司和下属，哪些人说得起，哪些人说不起，你都要作一个辨别，然后分别应对。可见，君子是有智慧、懂谋略的。

（3）君子重义，君子的本质就是义。孔子早就说过"君子义以为质"，这是说君子在本质上要有义。可到底怎么来理解"义"字呢？关于什么是义，大致有以下几个解释：一是孟子的观念，认为"义者宜也"，也就是方法手段上的适宜，合宜；二是传统的仁义，认为是一个道德和人格的标准；三是指古代学问上的"词章之学""记闻之学"之外的"义理之学"。"义理

吃亏是福

之学"类似于现在人们常说的哲学和科学，义理是用来探索真理的，而真理是人生的最高道理。孔子所说的"君子义以为质"中的"义"，我的理解是义理的义，就是说君子心中有真理，君子的本质就是探究和掌握真理。君子只有掌握真理，才能表现为外部的"礼"的行为，也就能保持态度上的谦虚，也就可能在对人对事方面，处处有信，言而有信，自信而信人。

（4）君子只是表现自己，而不是证明自己。孔子说："君子病无能焉，不病人之不己知也。"孔子这番话的意思是说，君子不必处处显摆自己，不怕你不被人所知，只怕自己无能，如果你缺乏真才实学，只是好表现，那么你离浮夸的小人并不远。为了让你"有能"，孔子接着说："君子求诸己，小人求诸人。"他还说："君子矜而不争，群而不党。"你不要去求别人，也不要处处与人争执，更不要拉帮结派，你心中带着一种作为君子的特有的骄傲和自豪感，带着一种气节，绝不低头，这就是君子了。

（5）君子能将心比心，善于设身处地为他人着想。有一次，子贡问孔子：有没有一句话的忠告可以终身实行的呢？孔子回答说："其恕乎！己所不欲，勿施于人。"孔子简洁明了的回答，为人处世的道理不要说得那么多，只要有一个重点，就可以终身受用了。儒家一直有忠恕之道，所谓"恕道"就是推己及人，替自己想也替别人想。"恕"这个字，拆开来看，就分为一个"如"字和一个"心"字，也就是合于我心，我的心所要的，别人也要，这就是"恕"。有时候我们会被人误解，甚至被诋毁，但是没有关系，从恕道上来讲，其实自己也常常会误解别人。所以，王安石有句话很了不起，他说："天变不足畏，人言不足惧，祖宗不足法，圣贤不足师。"

（6）为达到目标，君子特别能忍。孔子说："巧言乱德，小不忍，则乱大谋。"他的这句话有两个意思，一个是凡事要忍耐、要包容，否则脾气一上来，容易坏了大事。另一个意思是说，做事要坚持，要有决断，坚韧不拔，才能获得成功。

如果能做到以上六条，就是君子了。可是，真正要做到确实很不容易，这就需要修炼，甚至要花费一生的时间去修炼。你一定很奇怪我给你写这封信，花了那么长的篇幅在说传统文化的东西。是的，最近我在读儒家的经典，也许只是些皮毛，但我想这些内容正是我可以与你共勉的。

小陶，安心去支教吧，我相信你获得的一定比失去的多得多。

你的老师　郑杰

吃亏是福

42 无为德育

小陶：

你好！

经过一段时间的内心挣扎，你终于很好地调整了自己，愉快地踏上了去农村学校锻炼的旅途。我认为你完全有理由热爱农村的教育，也许那里离真正的教育更近。

在去支教之前，当地学校给了你一个工作岗位，让你担任校长助理，分管德育工作，这对你又是一个挑战。从质量管理到教研科研，再到德育，这两年多来你获得了非常宝贵的教育管理经验，而你的新工作一定能加深你对教育的理解。那么什么是真正的教育？我认为真正的教育就是德育。

对农村孩子来说，德育工作十分重要。当地学校让你参与德育管理，我估计也有这方面的考虑。对农村学校来说，德育工作在定位上应该与城区学校稍有不同，我认为应该发挥学校德育的"幸福"功能。你一定要摒弃原有的对德育的片面理解，认为德育就是让学生掌握与遵循某些道德规范，是给学生的一种约束、一种限制、一种牺牲、一种奉献。我觉得换一种角度来思考德育问题也许更为有效，你应该把德育定位在使孩子们从内心体验到愉快、幸福与满足，通过德育活动让孩子们得到充分的自我发展与自由，让他们得到唯独人才有的一种最高享受。也就是说，德育的目的不在于道德知识的获得，而在于引导人们去选择、建构有道德的生活方式。

可能在你受教育的经历中，德育留给你的印象都是枯燥和机械的，你的老师对你灌输的多，约束的多，训练的多，批评的多，评分的多，似乎德育与幸福离得很远，可其实这是对道德和德育的误解，似乎一说起道德和德育，都与苦行相关而与愉悦无关。其实一个人的幸福与道德高度相关，道德本来就源于人们的生活，道德一直在关注人们的生活，道德的目的就在于引导人们更好地生活。所以，亚里士多德说："幸福就是过有德行的生活，德行即幸福。"你得从本质上理解道德对人的作用，道德的产生应有助于人能过上好的生活，而不是对个人进行不必要的干预。道德是为了人而产生，而不能说人是为了体现道德而生存。

我们对道德和道德教育的不良印象其实来自我们的不良文化，长期以来忽略了人的权利，我们不太尊重人，把人视为实现他人目的的工具，所以强调义务多，主张权利少。中国的封建传统道德更是极其维护一种严格的、以服从为特征的身份等级制度，这显然与现代权利观念格格不入，在传统等级序列中，根本不存在个人的独立、自主和意志自由，只存在"特权"和"服从"。所以，我们的德育才充斥着说教，根本不顾及人的需要，不注重培养个性和自我，幸福行为中"人的基本权利"一项没有获得足够的尊重。小陶，道德教育不但要教会人如何生存，而且要教会人如何与他人相互理解、相互沟通、相互交流，德育应增进人的幸福。

如果要构建一种关乎学生幸福的德育，那么最需要改进的就是德育手段了，要减少德育中的灌输和训戒，而主张德育中的关怀。著名教育理论家诺丁斯说："假如道德哲学关心人们生活的幸福，我们就有理由期望关怀在道德理论中拥有重要的意义。"

与其他领域内的管理不同，我主张在德育管理中要无为而治。因为这个领域内我们管得越多,人们可能做得越少,如果你真正确立了关怀的德育理念的话,对班主任和其他教师的德育管理,应建立在无为的基础上。你有没有发现,在德育领域内,提出的口号最多,各种各样的表面文章也最多,当然这个领域内的低效甚至是负效也是最严重的,有时候我们越是希望加强德育,结果在学校里最不受重视的也恰恰是德育。为什么会这样?就是因为各级领导在这个领域内太功利了,太想有所作为了。你想,一个领导刚上任,最能看出他有所作为的不就是德育吗?于是都想在任职期间搞出些新花样来。所以,我希望你负责学校德育工作时,千万别太"有为"。我这里所说的无为是指为达到有为而采取的方式方法,这些方式方法不取剑拔弩张之姿,也不作张牙舞爪之态,而是以审慎的四两拨千斤的和静悄悄的自然的行动来达成目标。这就是老子的所谓"治大国若烹小鲜"。而你要达到这样的管理境界,首先是要让你的管理行为合乎人性,尤其是合乎中国人的人性,合乎中国教师的人性,而后才能影响到教师的德育工作合乎学生人性,并通过人性关怀使德育增进学生的幸福。

普天之下人性是相似和相通的,无论哪个国家哪个地区,人性都没有太大的区别。可毕竟一方水土养一方人,中国人和西方人的人性细细比较起来,还是有不同之处的。比如,中国人特别不喜欢别人管他,即使职位比他高的人管他,他也未必服从。有时候表面服从可心里却不从,"王侯将相宁有种乎?"千百年来中国人取而代之的心绪从未停止过。因此,你的管理合乎这样的人性。可是无为就是真的不管他吗?要是真的不管,他自己就能管好自己吗?真的不管班主任,也不管学生,那么要你们这些管理者干吗?人还是要管的,德育还是要有人来管的,只是用什么方式来管的问题。要让老师们做好德育工作,让他们关怀学生,有效的管理方式就是激励他,而不是强制和干预,否则要么他不愿意干了,要么只做表面功夫。也就是说,你得让班主任们都觉得你很看重他,你非常尊重他,甚至让他受宠若惊,这样才能把他骨子里那种尊严感激发出来，使他愿意发自内心地去关怀孩子们，发自内心地努力工作。

做德育管理的人一定不能傲慢，千万别认为自己管德育，似乎就是一个很有德的人了。不能在任何人面前表现出任何的道德优越感，不仅不能傲慢，相反，你还得有意识地把自己放低些，否则，你宣扬的那些道德准则就会变成教师衡量你的尺度。管德育的干部权力欲不能太强，不要总是对教师吆五喝六的，要心平气和。好些学校管德育的干部都很苦恼，现在许多老师不愿意当班主任，究其原因，与德育管理者的态度有关。既然我们都知道大家不愿意当班主任，你好不容易求爷爷告奶奶地说服他当了，可你却翻脸不认人了，这个评比那个考核，折腾死他们了，他们不就更不愿意了吗？

无为绝对不是什么事都不做、不去监控和干预了，事情一定得去做，而且要做就要做好。只是要带着敬意慢慢地放手让老师们去做，你要欣赏和支持他们，在他们遇到困难时帮一把，他们做得好时要在上级面前提出夸奖，在他们错了的时候主动为其承担。无为意味着你能精于以柔克刚之道，以你对下属的信任和敬重，让大家不好意思不尽心尽力，于是你便是有为了。反之，你总是有个人英雄主义，独断专行，你很快就会发现自己成了个孤家寡人，在你意欲一展宏图时，你的挫败也就开始了。

有时你得学会"睁一只眼闭一只眼"，有些问题是日积月累形成的，你大刀阔斧地高举高打，只会把问题搞复杂。有时候看似一个问题获得了解决，殊不知由此引发出的新的更棘手的问题，更让你措手不及防不胜防。如果一些问题必须解决，你也要先取"势"，即，让所有人知道你此次出手，而且是出重手，你摧枯拉朽，实在是形势所迫，迫不得已。

一个完美主义者常常不能达到无为之境，因为他们总是认为只有尽善尽美才算是做完了，却不知道人生从来就是不完美的，工作也是如此。因此，得饶人处且饶人是一个德育管理者的基本素养。

说到这里，也许你又会说：可毕竟有些教师不明事理，本身素质很差，偏偏不识抬举，不吃你无为的那一套，他会把你的尊敬当成了软弱，甚至爬到你头上去撒野了。这时，你也要息怒，多从自己身上找问题。什么叫做修身？修身就是不断地从自己身上找问题的过程。德育管理者非得有种韧劲才能做好。

你得真诚地对待教师，如果你对班主任的敬重不是发自内心的，就会显得勉强和做作。我想只要对方是个人，就一定能感觉出来，他们多疑的心理就会作祟，内心的抵触就会迸发。

到了新的工作岗位，在那样一所贫民子弟学校抓德育，实在是一件功德无量的事，不要拿着德育去折磨和折腾任何人，去关怀吧，这就是德育，关于人幸福的德育。

你的老师　郑杰

43 培养习惯

小陶:

你好!

你发现农村孩子很健康很活泼,可是他们的行为习惯很成问题,尤其是一些不良的学习习惯很不利于学习。你希望我在学生的行为习惯养成方面给你支招。我认为,学习习惯是长时期逐渐养成的,是一时不容易改变的行为方式和行为倾向,所以要想立刻有所改变是做不到的。上次我在给你的信中强调德育的幸福功能,德育工作归根结底是要为孩子们谋幸福,你知道我担心什么,我担心你为了让学生在短期内快速地转变,就会使用一些不当的手段和方法,比如强制训练,那些非人道的过激的方式方法,抹杀了学生的个性,只会使学生产生逆反心理。

有时候我们界定某种习惯的时候,明显地带有歧视,好像农民和农民工的行为习惯就是有问题的,城市人的习惯就要优于农村人的习惯,这些先入为主的观念都值得我们反思。有些习惯,我们之所以会特别强调,是为了我们成年人管理的方便,而并不是真的为他们好。比如卫生方面的习惯,这确实是从孩子们的角度上提出的,可上课要坐端正,齐步走步伐要整齐,只是满足了我们的欣赏趣味;而上课发言必须举手,举手要用标准姿势之类的习惯，无非是为让我们更具权威性。我完全有理由相信，这一类学校最焦虑的事莫过于那些不争气的学生，这些孩子不那么爱学习，家长忙着干活做生意，不如城区的家长那么关注孩子。更令教师一筹莫展的是，学生的行为不规范，连最基本的文明和礼貌都不过关。

按照传统的做法，学校得花大力气整肃校风，狠抓行为规范，而往往事与愿违，根本无法改变局面，于是学校从上到下都开始抱怨家长。如果你们认同日本教育家福泽谕吉说的话："家庭是习惯的学校，父母是习惯的老师。"那么你们更有理由抱怨那些生下孩子却不懂如何教养的愚昧的家长。我估计，正因为那所学校几乎看不到学生行为习惯得到改变的些许希望，才把希望建在你这个"外来和尚"身上。所以你的德育管理千万不能重蹈他们的覆辙。

我认为，要关注学生外在的行为习惯，但更要关注内在的心理习惯。学习方面的一些内在的习惯比外部表现出来的习惯更为重要，就如学生内在的品质比外在的行为习惯更重要一样。不要太在意学生按时做作业、举手发言之类的行为习惯，这些也只是学习方面的表象而已。而另外一些学习方面的好习惯，虽然不是那么显著地表现出来，但那才是真正的习惯。比如，时间支配的习惯，也就是懂得合理安排时间；再比如一坐下来就能迅速排除干扰，置身心于学习活动中的习惯；等等。

我完全能理解你和那所学校教师的感受，能深切地感受到你们所承受的压力，甚至非常同情你们的境遇。你写信告诉我你们学校学生的习惯问题，是希望能从我这里得到一些建议，可是很遗憾，我这里没有答案。说实话我们现在抓学生习惯的动机和手段都有问题，我实在见不得孩子们的天性和创造力就这么被扼杀了，而天性和创造力都是不可修复的。我非常庆幸自己，在儿时就没被怎么训练，我身上没什么太好的习惯，相反坏习惯还真是不少，比如吸烟，生活作息极不规律，我的计划性很差，常常无所事事，望着天空发呆，而忙起来却可以废寝忘食，等等。可是，我却自认为自己活得很好，我在过着一种灵性的、自然的生活，并且如果我目前算是成功的话，恰恰有赖于此。

小陶，明朝有个万历皇帝，从小他受到了所谓的最好的教育，有最好的老师和最配合老师工作的母亲李太后。当年名相张居正任他的老师，精心打造他，想把他塑造成一代明君，小万历很争气也很懂事，行为习惯非常之好，令所有人惊叹和佩服，等万历长大成人，终于可以亲政了，可是，我们都知道他最终只是一个荒淫的皇帝，在他18岁之前每天上早朝，可后来的四十多年中他却再不上朝，成为历史上不理朝政时间最久的皇帝。如果张居正有灵，九泉之下一定不能安息。万历皇帝拥有当时水平最高的教师，在宫廷里受到良好的教育，未成年时他的行为习惯不可谓不良好，可是为什么他变坏了呢？其实他本来就没有好过，根本谈不上什么变坏，他的那些所谓的好习惯本来就不能被称为习惯。当我们试图运用外部强制力量来建立或者纠正某种行为，到头来都只会失望，外部力量越大，越是失望。

何不好好欣赏农民和农民工子弟的活泼和单纯？何不保全他们比城里学生更为自然的人性？我们为什么如此苛刻地对待生灵，发誓要将他们重新装进襁褓里？那是因为我们的自私，我们要他们守着由我们制定的严苛的纪律，不是为他们，而是为我们自己；我们要他们养成我们指定的习惯，也不是为了他们，还是为了我们自己。

我倒是觉得，好习惯应该由你们这些干部开始。干部的工作习惯是十分重要的，其重要程度甚至大于工作态度。先检查一下你们的办公室吧！办公桌上只留下正在使用的东西就是一个很好的工作习惯，如果办公桌上堆满了永远也批不完的作业本和永远没有读完的参考资料，就足以让人产生混乱、紧张和忧虑的情绪。所以，大可不必兴师动众地抓学生习惯，先从干部和教师开始吧。

你大张旗鼓地宣扬的应该是创建学校伦理，尤其是班主任的工作伦理。班主任是德育方面最重要的一支力量，他们管着学生的品德成长，可是他们也许违背了道德伦理。很少有班主任真正关心学生的品德成长，他们其实在管着纪律和学生行为，而且只管着纪律和行为，越是管得有效，就越违背伦理。人们夸奖一个好班主任，首先是看他能不能把班级"搞定"，似乎最好的班主任就是那些很有权威，让学生敬畏的人，他们能做到"在与不在一个样"。能"搞定"班级的班主任是受任课教师欢迎的，也是受同行羡慕的。可是，我们必须明白，把学生管服帖绝不是一个班主任的主要工作，因为一些下三滥的手段在控制纪律方面的功效颇大，而恰恰又是这些手段违背了道德的基本原则，给予学生"恶"的启发和影响。

其实，我们无法简单地通过学生的行为来评定学生的道德层次，比如学生能遵守纪律，也许是出于恐惧，也许是出于能获得某种奖励，也许是出于能取悦于人。在这些动机下，学生虽然遵守了纪律，可是却不代表他们道德的成长；再比如，学生为灾区人民捐款，我们不能简单地通过他们是否热烈参与来判断他们是否有爱心，更不能根据其捐款的多少来评判他们爱心的强度，因为学生的恐惧、对外部奖励的需求、取悦于教师的愿望都能促使他们捐款。

一些手段对学生的纪律产生影响：比如"简单灌输"，把纪律要求用简单的语言向学生进行宣传，这样的宣传是自上而下的，是粗暴的和不对等的。凡是声称"理解的要执行，不理解的也要执行"的，一定是自上而下的，简单粗暴的和不对等的，因而是恶的。比如"机械训练"，把行为规范要求化为一个一个的基本动作，而后一个一个进行训练，务必做到整齐划一、无可挑剔。军训为什么不能促进学生道德成长？是因为我们将军训看成是对学生行为训练的一次绝佳的机会，趁这次机会好好给学生一个下马威，让学生从一开始就有走路、端坐、作息等方面的规矩，岂不美哉？现在连有些小学也开始军训了，我们还美其名曰帮助学生养成良好的行为习惯！再比如"身心惩罚"，即对学生的越轨行为进行惩罚。现在很少有班主任会傻到明目张胆地体罚学生，可是校园内充斥着伤及学生尊严的"软暴力"和"心理虐待"，威胁、恐吓、监视、利诱等手段都是恶的。这些手段中最可恶的就是鼓励学生"打小报告"，不仅使学生笼罩在"白色恐怖"之下，而且使告密者本人的人格也受到损害，而人格的伤害是一辈子都不可能康复的。

我甚至反对"量化评比"，就是对学生的纪律进行评分，一旦不符合纪律要求就要扣分，还组织学生干部拿着评分标准各处巡查，见到不守纪律的便不分青红皂白地扣分，扣分最少的班级或者小组便会拿到流动红旗之类的奖赏。这种做法的后果之一就是学生越来越依赖于外部评价，一旦哪些行为不属于评分范围就可以"胡作非为"了；后果之二就是造假，用一些表面的行为来应付检查，而一旦检查组离开就依然如故了；后果之三就是报复，今天你检查我扣我的分，那么明天轮到我有权了，我会把你扣我的扣回来。我们长期来对学生"自主管理"存在有意无意的误解，学生的自主管理变成由学生干部替代班主任去管其他学生，他们成了班主任的帮手（帮凶），这哪是什么自主管理呢？

在这些恶的手段之下，学生的纪律也许很好，行为也许很规范，可是埋下的却是恶的种子。那是因为，道德的手段与道德目的没有保持一致，即我们希望学生能自觉遵守纪律，希望其行为能趋于道德规范，可是我们作为教育者和管理者本身却用了一些不道德的手段，虽然这些手段见效很快。

因此，班主任的主要责任其实不是纪律，而是学生道德的成长。而要促进学生道德的成长，不是组织更多的德育活动，而是确保自身的手段和方法符合道德原则，信守人类道德原则未必可以带出一个"纪律严明"的班级，但是却能在学生心中埋下善的种子。

小陶，人类有着一些共同的道德原则，是需要我们信守的：

一是重视生命价值。简而言之，重视生命价值就是将人视为目的而不是手段，也就是说班主任不能把学生当作道具来使唤，哪怕你的目的再崇高，也不能牺牲学生的个人权益。那些强制学生放弃个人愿望而满足学校、班级的所谓荣誉的做法是反人道的。重视学生生命价值还意味着学生的人格尊严应该受到维护，虽然他们年龄尚小，虽然他们可能犯错误，可是学生有与我们成年人一样的人权，人权是天赋的，不是班主任赐予的，因此也就无权剥夺；在学生的人权中，人格尊严权无疑是一项核心权益，因此，尊重永远是德育的第一原则。

二是重视诚实和说真话。我们一方面从小就对孩子们说"狼来了"的故事，另一方面不断地强化他们的造假行为。在压力和竞争面前，人更容易放弃道德原则，而首先放弃的一条道德原则便是诚实和说真话。班主任为了使自己带的班更出色，在某种压力或者竞争面前，可能示范、纵容甚至亲自导演学生的造假行为，而得到的报应就是学生对造假行为习以为常，最终班主任可能在班级里得不到真实的信息。

三是重视善心善行。善心是恻隐之心，善行是帮助弱者的行为，应使两者保持一致。每个班级都有困难学生和问题学生，这些学生是班主任道德的试金石，若衡量教师有否信守道德原则，看看班主任如何对待这些学生就可以了。当你嫌弃他们，恶待他们，你便是在向全体学生宣告：困难的人，存在问题的人，是不值得怜惜的，是可以被唾弃的。你一旦用行为向学生们作出了宣告，你还能希望他们真心实意地关怀和帮助他人吗？

四是重视公平公正。公平和公正用来描述班主任的奖励和惩罚是否合理。当班主任把某种好处给予学生，或者把某种糟糕的境遇给予学生时，要格外的慎重。因为凡是不公平的和不公正的处理方式，会瓦解人们的信心，并且诱发出人性中恶的一面。身处在一个不公平不公正的时代里的人们不会更有道德，他们会用堕落来回应不公平和不公正，而且基本上都会选择堕落。

五是重视自由和自主性。自由和自主性都强调选择性，即班主任要尊重人的自由和自主选择的权利，奴隶是没有什么道德的，他们被强制因而他们只会通过破坏来显示其存在。道德从来属于"自由民"，因为他们的权利得到尊重，所以他们才自愿承担道德责任。用不容置疑的口气教育学生，其实就是对学生的智力和品德的奴役，"学奴"是没有道德成长的。道德从来是人的一种自觉，而不是一种强制。

　　小陶，作为分管德育的领导，你有一种责任，就是要成为以上五条道德伦理原则的"守护人"。

你的老师　郑杰

培养习惯

沟通为王

小陶:

你好!

你在来信中对我提出的道德伦理原则表达了反对意见,你认为应该狠抓学生的行为习惯。其实我上次给你的信中没有反对你们抓行为习惯,我在信中反复强调三条:一是你们从事德育工作的人动机应该正确,是真正为他们谋幸福;二是你们手段应该正确,千万不要强制训练他们;三是你们得从自己的工作习惯开始。习惯的养成是个漫长的过程,而且要求教师要注意方式方法。

你说这所学校学生的行为习惯是一个亟待解决的问题,我认为即使问题很急迫,也得按规律办事,对于教师,尤其是班主任,他们需要指导。小陶,即使培养学生行为习惯的动机是正确的,可是教师在较大的工作压力下,在激烈竞争的条件下,而又缺乏有效指导时,就会倾向于使用不道德的教育手段。也就是说,你作为分管德育的领导,为确保他们抓好学生行为习惯养成,就应缓解他们的压力,尽量避免让他们参与到过于激烈的竞争中,而且更重要的是,你应该从一个德育工作的监督者变为德育工作的指导者。

如何更好地指导班主任工作?我认为要有效地实施指导,首先必须学会沟通。为什么沟通能力对你指导德育工作如此重要？因为在德育工作中，太多的工作都是基于人们思想认识上的一致，就像为什么抓行为习惯以及如何抓行为习惯等都是些价值问题观念问题，只有通过沟通才能让大家达成共识。而中层干部理所当然的就是沟通的中心。

什么是沟通？沟通的确切含义是"共同拥有"。什么叫作学会沟通？学会沟通就是能选择不同的沟通方式来与教师达成共识。你有多种沟通方式可以采用。最常用的就是口头沟通，比如你定期召开班主任会议，向他们传递各方面的信息、知识和建议；你还可以在吃午饭的时间与教师边吃边聊，那时候大家都会很放松，至少比正式会议放松多了。其次是书面沟通，比如我给你写邮件这种方式，便于我系统地向你阐述观点；非言语沟通很重要，如表情，身体动作等。

作为一名负有领导责任的德育主管，沟通对你更具有举足轻重的作用，无论你想推行什么，没有下属积极有效的配合，你便不可能取得任何成绩。在你所给予教师帮助和指导的时候，你得注意以下几点：

（1）微笑。我相信大部分人都更喜欢将微笑挂在脸上的干部，而德育管理干部，似乎总是死板着脸，怎么看都不招人喜欢。班主任工作负荷很大，你在与他们沟通的时候面带微笑，就能给大家带来温暖和信心，使他们对你产生宽厚、谦和、平易近人的良好印象。特别是在他们向你汇报工作时，你也能报之以微笑，他们会从你的微笑中受到无形的鼓励。不过，你的微笑一定得发自内心，否则你就成了"笑面虎"，虚假的微笑令人厌恶。不仅自己要微笑，还应设法让老师们也微笑。在沟通中，幽默感很重要，著名的企业家洛伊·西逊说过，在他从业生涯中一直秉持着三个步骤：①健全的人际关系。企业的运转无异于带动人群作业，没有良好的人际关系将无法有效地作业。②谦逊。"我并不是一味地奉承卑屈，而是适度地谦虚，大家都知道，没有人是全知全能的。必须心存谦恭，随时增长见闻。"③如果你能以幽默的素质来调和且达到以上两点，任何事务都尽在你的掌握中。

（2）尊重。不必说为什么要尊重了，相信这条为人处世的黄金法则我不说你也明白其内涵。那怎么证明你尊重别人呢？你自己是无法证明的，得让大家感受到从你那里获得了尊重，大家的感受才是最重要的。比如你得使用礼貌用语，多多益善；搞德育管理的人老喜欢对人发号施令，但你只需恳切的期盼并加上一声"谢谢"就行；你要耐心地倾听教师的建议，千万把他的话听完你再发表意见，尤其是打算拒绝的时候，务必把理由说清楚，措辞一定要委婉，并且要感谢他提出意见；你一定不要在教师面前把他与另一个教师相比较，这很不尊重人。

（3）人和。你一定要尽力维护班主任队伍内部的团结，把这支队伍拧成一股绳，让他们始终保持高昂的士气。只要有人的地方，矛盾和冲突就会产生，身为班主任的领军人物，你要处理好这个问题。一定不要在班主任中间制造敌对情绪，造成人和人之间钩心斗角的复杂关系；你要让每个班干什都知道学校整体的工作目标，知道自己的工作在整体任务中的重要性，以激发他们的集体责任感。你可以鼓励和要求班主任们对你直呼其名，或者你们之间一律称"亲爱的"就行。

（4）行动。凡能指导他人并受大家欢迎的人，有许多共同的待人处世的优点，其中很显著的一点便是他们在任何时候都说到做到，只要表过态了，就会竭尽全力去办。糟糕的管理者有一个特点便是爱许诺，在许诺之后却又偏偏健忘，在听觉和视觉上满足了员工的希望之后，留给员工的却是一个漫长的等待。

（5）沉默。适当的沉默会让你得到意想不到的收获。小陶，你要知道女干部，尤其是教师出身的女干部常常会犯一个错误，就是喜欢面面俱到和无微不至，你唠唠叨叨、啰啰唆唆反倒使老师们把握不住你说话的要点，你过于细致的叮咛反而会引起他们的反感，他们会认为你对他们没有信心，对他们的工作能力抱有怀疑态度。言简意赅地传达你的工作要求，然后你就可以保持沉默，留一个宁静的"空间"让他们去考虑具体的工作步骤。当他们的想法不够准确圆满时，你再适当地给予补充，作一次适时的指导，这样会更有效。在你不得不批评教师时，适当的沉默可以起到"此时无声胜有声"的作用，你的沉默正是对他的一种威慑；当与教师发生争执时，适当的沉默可以是你的缓兵之计，等对方头脑冷静后，你再公正地作出评价，这样效果会更好。对搬弄是非、喜欢打"小报告"的人，你能用的最好的办法就是保持沉默。你的沉默，必定会让他索然无味地从你身边走开，不信你可以试试。

（6）距离。不要认为你越是平易近人，越和老师们打成一片，你和他们就越好沟通。永远与教师们保持一定的距离，不可太过于亲密。你再民主也需要有一定的威严，否则他们很快就会对你的指令不当一回事，很快就会对你这个人也不当回事。不要让他们过多地了解你的隐私，这对你来说是一种潜在的危险。

作为一名德育管理者，最不如意的事就是不能通过你的指导和帮助来纠正教师们的不良行为，你一方面想成为老师们的好姊妹，另一方面又想当好他们的领导，要想同时扮好这两个角色，只会让你吃力不讨好。有效的指导和帮助是建立在有效的沟通基础上的，你应该把沟通贯穿于德育管理的全过程，你们学校的德育工作才能真正有起色。

但是沟通并不等于指导和帮助，所谓的指导和帮助是指你能够帮助教师面对，并且能处理他们所面临的问题和困难。指导和帮助与有计划的培训不同，指导和帮助教师的人，总是能根据他们的工作进展情况，对其中可能出现的状况进行预判，同时向他们提供必要的知识和信息、建议和意见。一个优秀的指导和帮助者总是能鼓励教师改进工作目标，并且有效地达成；总是能够用他们能理解的方式进行指导；总是能毫不隐瞒地与他们分享自己的工作经验和成长经验；总是能帮助他们找到产生问题或困难的根本原因。

现在你知道对班主任进行学生行为习惯养成方面的指导和帮助从哪儿着手了吗？

你的老师　郑杰

赢得人心

小陶：

你好！

你在来信中说，你在学生行为养成问题上做足了案头工作，也正在尝试用我教给你的办法对班主任进行指导和帮助，可是却被失败感围绕着，总是不能很好地进入角色，大家对你还抱着观望态度。

我分析下来，觉得你目前的处境确实有些尴尬，一是因为你是校长助理，这个职位其实也是个中层干部，而在你之下还有政教主任，所以你的工作很可能与他的重复。工作分工上的重复并不能提高工作效能，反而容易使教师无所适从。二是因为你才到任，虽然你对德育工作的现状进行了调研，可毕竟你对人员情况不太了解，这也会妨碍你进入工作角色。三是因为大家都知道你只是去支教的，最多在学校工作一年就会回本校，所以未必在意你的领导。这三条原因当中，我认为主要是第三条决定了你目前的处境，因为名不正则言不顺啊！

小陶，汉字中的那个"名"字很常用，也很重要，值得你好好体会。

什么是"名"？一是名号。学校里各个部门都有一个名号，不同的名号代表着不同的职能。叫"处"的，一般都有指挥的职能，如教导处、政教处、总务处等，行政权力往往较大，刚性较大；叫"室"的，它们的职能主要是指导和服务，如校务办公室、教科室、人事室、财务室等，一般不能直接指挥别人，相对柔性一些；也有叫"部"的，如中学部、小学部的，职能上相当于一个小的独立单位，权力相对较大，也比较综合；还有叫"中心"的，则服务功能更强些。总之，不同的名号暗含不同的功能，乱了就不行。

二是名分。中国人历来很重"名分"，校长、主任、组长层级分明，正职、副职主次分明，行政、党务、工会职责分明。上下有序、左右有别，各安其位，学校才能井井有条，如果屡屡越位或窜岗，则会乱了套，或按古人的说法即"失了礼"。

三是名学。所谓名学，就是逻辑、思想的研究。古人重名，严格讲，重视的主要就是名学，这就要领导者在指挥和下达工作之前，先要正名。正名就是你先要把某项工作的思想和观念说清楚，说清楚你要让大家做这件事的理由，大家得知道凭什么要做这件事，意义在哪里。如果你有了名号，也有了名分，若你在下达工作任务时不能为之正名，那么老师们执行起来依然会打许多折扣。在我看来，你的工作岗位在名号和名分上都是不足的，这就需要你在名学上补。怎么个补法？在《论语》中有这样一段话：

　　子路曰："卫君待子而为政，子将奚先？"子曰："必也正名乎！"子路曰："有是哉，子之迂也！奚其正？"子曰："野哉，由也！君子于其所不知，盖阙如也。名不正，则言不顺；言不顺，则事不成；事不成，则礼乐不兴；礼乐不兴，则刑罚不中；刑罚不中，则民无所错手足。故君子名之必可言也，言之必可行也。君子于其言，无所苟而已矣！"

这段话中，孔子认为"为政"首先是要正名。如果"名不正，则言不顺"。你在职位方面讲不清楚，那就得在道理上讲清楚。如果你管德育工作，连道理都讲不过去，那么事情一定不会成功。小陶，对管理者而言，部门名号和个人名分固然重要,而思想却是最重要的,有了思想就是"正名"了。

四是名誉。名誉就是口碑,是大家对你的赞誉。也就是说虽然你的名号和名分都不够,可是大家都拥戴你,你也就名正言顺了。你刚去那所学校工作,大家对你丝毫不了解,甚至还对你抱有戒心,认为你只是到农村学校来"镀金"的。为改变人们对你的偏见,你就得格外注意自己的形象。我说的个人形象并不是说你要像影星、歌星那样把自己包装起来,而是要注意对自己良好形象的塑造,而且是全方位、立体式的塑造,在服饰、举止、语言这三方面创造你自身富有魅力的形象,只要你能恰到好处地展示自己的风采,就能牵动大家的眼睛。

首先是服饰。我认为你应该穿稍正式些的职业装,这个季节,配上整洁的衬衣即可。管理者在穿着打扮上还是正式一些为宜,这样既能显示你的职业性,同时又能与人保持合适的距离。我总觉得牛仔裤这一类过于休闲的服装就不宜穿进办公室。

其二是举止。千万不要把你的个人情绪带入办公室,当你把情绪带到大家面前,后果会很糟糕,这会让大家对你的能力抱更大的怀疑态度,不利于今后工作的展开。在举止上,管理者最佳的表现应该是温文尔雅、彬彬有礼、果断而又麻利。

其三是语言。随和的态度,谦逊的语言,适时地使用一下人们认为亲密而又不失分寸的礼貌用语,会让你具有权威感,同时又具亲和力。我建议你多使用请求询问的口吻,那要比直接命令的语气更容易让人接受,幽默的言语总是比枯燥无味的好些。

当然,外部形象不是你赢得信任的全部,我认为你得趁着在这所陌生学校工作的机会,培养自己的权力意识。一个缺乏权力意识的干部只是一个好人型废物。对不起,我可能说得比较重了,我只是为了引起你足够的重视。

什么是权力?权力就是影响个人或群体不以他们自己的意志而行为的能

力,你越是能改变他人的意志,则意味着你的权力越大,你的工作也就越容易开展。作为管理者,你需要用权力来完成工作,从工作角度看,一个"老好人",一个被人称赞、极受欢迎和喜爱的人,未必是个称职的中层。而为了促使别人完成工作或保护你的利益,改变名不正言不顺的处境,你不得不去玩某种"权术"。要想有效地管理,就必须拥有权力。

可是,世界上没有人愿意被别人领导,没有人心甘情愿地当别人的下属。当你运用权力的时候,实际上是在强迫下属,他们的内心是抵抗的;权力不能让人变得更积极和自觉,不能带来大家对你的认同。那些老师们在心里一定会念叨:又来一个管我们的了!无论你愿意还是不愿意,从踏入这所农村学校的第一天起,你就已经被卷入学校的政治活动中了,你这个外来人的出现一定打乱了学校原有的权力系统。于是,你不得不进行"政治活动",采取行动来影响你在学校内的优势与劣势的分配。

你的政治活动首先就是评估他人权力的大小,而后运用你手中的权力最有效地实施你的管理。在运用权力方面有一些专门的技巧,比如:(1)使自己的主张都与学校利益相关。因为你的主张一旦被认为可能损害学校利益,那么就一定会处于劣势。而假如你被证明某个主张是出于私利,那么你输了。所以,你得好好琢磨这所学校的工作计划,琢磨这里人们的共同愿景和共同话语。(2)使自己的形象符合大家的期待。你的个人风格应该适当美化,这个问题刚才已经谈过。(3)使自己的知识和才能填补别人的不足。在你成为学校内稀缺且无法替代的重要资源的时候,你赢了。所以你得考虑你在学校德育工作方面要为这所学校注入哪些新知识和新思维。(4)找一个有权威的人物做你的顾问或老师。你可以在他们学校拜师,这个人应该是这里德高望重的人,这么做可以明显提高你在学校中的地位。(5)尽量躲避"有污点"的成员。学校里那些边缘人物,他们越是与你接近,你就会越远离主流人物的拥戴。所以你得擦亮自己的眼睛,千万别看走眼、站错队。(6)站在你的领导一边，支持他们。即使在他四面楚歌时也要支持他；如果他实在非常糟糕，你可以选择离开这里，但只要在这里一天，你就要成为学校正式权力系统的维护者而不是破坏者。

在这所学校当校长助理，可以说是有权了，也可以说你无权。说你手中有权，是说你的职务让你可以支配权力；说你手中无权，则是说你如果缺乏人格魅力，那么不会有人服从你的。校长助理带给你的权力叫作职位权力，这个职位可能给你带来以下几项权力：（1）你能提供他人奖赏，你对教师说："好好干，我给你钱！"这就是你的奖赏权力。可是，你的奖赏一旦别人不要，或看不上，那么你的权力无形中就变小了，你所提供的奖赏必须是大家认为有意义有价值的。比如，大家都认为钱是最有价值的，而你却拿不出钱来奖励，那么你的权力就不够了，影响力也就下降了。现在绩效工资实行以后，凡奖励都明文规定了，这事实上削弱了学校管理者这方面的权力，而你这个外来者，则更不占有优势。（2）你有强制权，你对教师说："不好好干，我扣你钱，或者我让你下岗！"这就是你的强制权力。可是，在当前的背景下，即使是校长都不敢使用这一权力，而学校如果针对教师的程序性制度匮乏，会导致你即使拥有这项权力，也还是缺乏行使的可能性。因此，你就不能够进行惩罚从而影响他人。（3）你能提供他人正式权威和便利，你说："因为我是校长助理，你必须按照我说的去做。"这就是你的合法权力。可是，老师们可能心里抵触说：不过是过来挂职的，竟然还当真了！（4）你能提供他人信息，你说："我最知道内情，所以你应该按照我说的去做。"这就是你的信息权力。可是你是一个外校过来的人，学校会给你提供全透明信息吗？我看未必会。

以上四项职位带来的权力，都不是非常的稳定，而学校环境又比较倾向于民主手段的管理，加之一些权力主要集中在校长手里，所以，你应该转而从人格这一方面去扩展自己的权力。你的人格权力不是以你的职位为基础，而是以你的为人、以他人如何看待你为基础。假如：（1）你是个专家，拥有专业权力，依靠过硬的专业知识技能，你会赢得别人对你的尊重，从而影响他人。如果你是特级教师，你是学术权威和学科带头人。可你不是，至少在德育领域，你的知识优势并不明显。（2）你是个名人，有丰富的资历和声望，你就有了"参照权力"，因为人们想接近你，借助他们对你的渴望，使你能够影响他人。可你不是名人，可能将来会是，可至少现在不是什么了不起的大人物。（3）你有头脑，很能分析问题并寻找到解决问题的方法，你这就拥有了"理性权力"，你那良好的推理和解决问题的能力，可以使你成功地影响他人。（4）你有魅力，通过个人特性，如乐观精神、冒险意识以及执著于事业的力量，使你拥有"魅力权力"，因此，才会有效地动员和鼓舞他人采取行动。

那么人们凭什么信赖并尊敬你？一定是因为在你身上有许多有价值的东西把他们吸引到你身旁，这些东西是什么？那就是魅力。魅力是由思想所成长起来的某些特质，这些特质使你很"迷人"。这些特质是以自信为基础的，正是自信心的支持，你才能开始有所行动，有了行动你才得心应手，得心应手之后你才能泰然自若，才能在公众面前侃侃而谈，光彩照人。一个充满自信的中层管理者就是一个坚信自己能处理好手头工作的人，一个不信任自己"心"的力量的人，是不会有什么成就的。只有当信心融合在思想里，使潜意识转变成强大的精神力量时，才能成为一位深受员工欢迎的干部。

小陶，人身上最迷人的特质是责任感。责任感意味着对学校和教育的专注与忠诚，不论是不是你的工作范围，只要是关系到学校的利益，有责任感的人都会毫不犹豫地加以保护。即使遇到困难，也毫不畏缩，绝不逃避，更不会推卸责任，所以，在这里我要特别提醒你的是，学校里所有人都可以把你当个外人来看待，唯独你不能。

你还得具备观感敏锐的特质。在这方面我希望你能通过学习和揣摩，看透别人的心思，当有人发生疑问时，你能预先察觉；当有人在遇到困难心中着急时，你能发现；你能预先知道大家的希望，你能知道员工希望做什么，不愿做什么。如果你对下属的情绪漠不关心，他们怎么可能站在你的角度上考虑问题呢？

仔细衡量一下自己，你的权力到底有多大，如果你权力不足，不能一味地责怪环境或者抱怨你的领导授权不够，或者大家不在乎一个外来的干部，你得设法让他们在乎。你要多问询自己，我善用职位权力了吗？我拓展人格权力了吗？赢得人心很重要，"得人心者得天下"，这句话的意思大概也是要让你拓展人格权力。你千万不能为了赢得一次胜利，却因此失去人心，那样你将不再有机会获得新的胜利。

人心要得到很难，要失去却很容易。机器坏了可以送去维修，你的工作出现差错也还可以设法补救，而一旦失去人心，就千金难买回了。

你的老师　郑杰

激发能量

小陶：

你好！

你在来信中比较了农村学校与城区学校教师的生存状态，你认为你所支教的那所农村学校的教师工作压力和工作强度都很大，因为生源问题，那些孩子真的不太好教，所以付出了格外多的心血，收获却不显著；教师几乎没有什么成就感，而且因为办学条件远不如城区学校，因而抱怨也比较多。教师们还普遍产生了职业倦怠，有不少人都想方设法调离这个鬼地方。对此你很焦虑，希望能为这里的老师做点儿什么。

我认为，农村教师目前不良的生存状态与生源和办学条件有关，但更与两个不适应有关：一是不适应当前的教育改革；二是当前的教育改革未能适应农村教师的教育教学实际。这两个不适应，前者是表象，后者才是实质。当教育改革推进困难的时候，我们的主流人士总是习惯于批评教师，认为教师不能转变观念，不能适应改革；而问题的实质恰恰在于改革总是通过自上而下的方式强推到教师头上，使他们无所适从。也就是说，即便改革是必须的，改革的方向是对的，可是却采取了一刀切的办法，没有很好地把握时机和选择合适的方式，虽然改革是正确的，但是改革却不具合理性。

教育必须改革，即使没有问题了还得改，这正如《大学》引成汤的《盘铭》所说："苟日新，日日新，又日新。"为什么必须改革？那是因为我们人类的生命力量唯有通过创新和改革方能得以显现和传承，因此改革并不一定是手段，改革甚至是目的。在学校，管理者和被管理者按照我们祖先的忠告，都应该真诚地自我要求每天都有新的表现。如果这样的话，大家就能够天天有新的进步，每一日都不间断。可是，既然改革是理所当然的，那如何改才是好的呢？

回答是，凡是合理的就是好的。什么是合理的呢？以民意为依归的才是合理的，即被大部分人拥护的才是好的。道理虽然说得对而且简单，可是以下现实是管理者不得不考虑的：（1）民意是个杂音，历史上从未有过高度一致的民意，就如美国总统奥巴马搞医改这等好事都只有一半美国人支持。民众实际上是"乌合之众"，这在缺少有效社会组织的中国，民意更是众声喧哗。（2）大多数的民意常常是错误的。这在历史上实在是太多见了，日本侵华哪一次不是民众支持下的？希特勒上台岂非千万德国民众选举的？（3）民意是变动的和健忘的，民意常常一开始支持改革，而一旦发现自己没有得到好处就会站到改革对立面成为保守派；那些一开始反对的人，因为得到些好处则又开始变成支持者了。（4）教育改革是特殊的改革，因为教育改革的目标本来就不是让教师受益，改革是国家利益的要求，改革甚至不全是民众的要求。因此，教育改革和创新，是一场通过管理者谆谆诱导、发挥最大的教化力量以导正民意的运动，并且随时准备作出自我牺牲。

我总结下来，学校的创新和改革，其合理性来自两个方面：一是所谓"亲民"。即在涉及教师利益的改革中，尊重大多数人利益，保护好依法依理依情需要保护的少数人（骨干、突出贡献者、弱者）的利益，使大多数人成为你改革的拥戴者。二是所谓"新民"。是要意识到民众（教师）需要教育，绝不可放纵他们的欲念，畏惧和迁就教师民意只代表你的软弱。无论亲民也好新民也罢，一个好的管理者总是将创新和改革看作是"摸着石头过河"的过程,不要对结果抱太大希望,因为任何的变动都会引发新的问题。于是,管理者追求的最大合理应是"守正以持经,权宜而应变"的中道,即坚定执著地去改,而具体方法手段上则务必把握时间,相时而动。

我一直认为最了不起的创新家和改革家,不是那些赢得了民众支持的人,而是防止反对者变成敌人的人。我发表以上言论,是为了说明现在教育改革的不合理性,导致了教师生存状态的恶化,甚至将改革的反对者变成了改革的敌人。在这种情况下,管理者应该做些什么呢?我认为最该做的就是激励教师。管理者应该把心思花在如何更好地引发教师内心深处的工作热情与潜能上。

教师都是有着强大潜能的人。关键看你如何把它们激发出来。这里我向你介绍激励的若干原则,供你参考。

第一条原则:充分肯定教师优秀的工作。如果教师完成的工作质量很高,而管理者却从来不注意,大家很快便觉得没有必要如此卖力了。只有当教师意识到管理者在时刻关注着自己的工作,心里自然而然就会感到被承认、被重视,进而保持高昂的工作热情和责任心。

激发能量

第二条原则:让教师承担富有挑战性的工作。其实每个人都喜欢表现自己,不妨给他们压担子,让他们跳一跳就能够着,往往能激发他们的斗志和工作热情。大胆地给他们压担子吧,挑战性的工作会让参与其中的人在体力与心智上都得到一次锻炼,进一步培养个人的自信。

第三条原则:保持教师的信心。对农村学校的教师来说,没有比信心更重要的了!可如何树立信心呢?世界著名心理学家艾瑞克森指出,一个人自信心的最终确定与形成要具备两个条件:首先要有一个紧迫的环境;其次要有一个"化险为夷"、渡过"危机"的结果。换句话说,人的自信心的获得是在一次次危机过渡的过程中实现的。他认为,自信心的提高,会使人们对自我的把握能力加大,这种自我把握能力是一个人对自己准确评估与预见的能力,它会在人的内心产生一种能动的力量,促使个人向完善发展,并且因此而把握住一个正确的途径。

农村学校的老师更需要激励,提高他们的自信心,你可以尝试以下做法,也许对你有帮助。

(1) 用提建议替代命令。没有人喜欢被人使唤,如果你经常像与他们商量一般地发出指令,效果要比直截了当地下命令好些,你寻问他们"你可以考虑这么做吗""你认为这么做行吗"这样的建议性的方式让他们更有信心。

(2) 永远不要当众批评人。人都是要面子的,尤其是从事教育工作的人。你给足他们面子,他们也会给你面子。如果教师的行为表现确实有错,也应该以"四分缺点,六分优点"的角度去观察,这样才能既保全面子又纠正了他。

(3) 让每个人都很重要。你经常把教师的名字挂在嘴边,时不时地给他们戴上"高帽子",有些涉及他们利益的事多与他们商量,这会增强他们的责任感,而责任感的形成会对自信心的树立起到积极的作用。

(4) 提供成功的机会。不要让教师有失败感,因为失败者的出路基本上只有一条:那就是成为一个出色的批评家和自我辩护者。所以多把成功的机会给他们,让他们通过努力获得的成功激励着他们自信地走向新的成功。如果老师们动辄得咎,那么他一定会大受挫折,信心也会不知不觉消失殆尽。一旦他在精神上委靡不振,就算有高超的智慧、才能,也难发挥了。

不过,受限于你的职位和身份,要激励教师还得靠学校整个的文化和制度,这些才是比具体的激励方法和手段更为深刻的东西。我想以你目前的职位,对此还不能发挥更大的作用。但你去思考这些深层次的问题,我相信日后一定会有用的。

你的老师 郑杰

去留问题

小陶：

你好！

昨天接到你的电话，你显然非常焦急，说无论如何都要听听我的意见。可是昨天我正好在讲课，无法向你细说我的意见，所以今天用邮件的方式与你沟通。

你在电话里说，接到区教育局通知，让你报名参加教育局教育科科长职位的竞聘，你起先没有答应，因为你留恋学校，留恋课堂，你对去机关工作兴趣不大。可是教育局领导苦口婆心地劝你参加，而且让你马上作决定。

与最初你征求我的意见，要不要接受你们校长的任命，以及之后问我要不要去农村学校支教等问题一样，我的意见是：你必须参加。据我所知，很少有教育局领导岗位或部门领导岗位的竞聘不是事先内定的，在干部任用方面我们从来不缺乏强有力的领导，而领导们也希望通过各种形式来证明他们的有力领导，即使是表面看来完全不需要他们发挥领导作用的各种五花八门的选举或者竞聘，一切都会在他们的掌控之中。因此这样的"竞聘秀"从来就没有什么悬念可言，你参不参加其实与结果没太大的关系。

对此，你必须认清形势，教育局领导亲自打电话通知你参加竞聘，一定是有用意的，不是看中你，就是想让你作陪衬。但他一定不会告诉你他们的真实意图，因为有"组织原则"。作为一个普通的学校中层干部，你其实就是他们手中的一张牌，你得认认真真地陪他们玩，无论你有没有被选上，你都得作出兴高采烈的模样，你必须表现出很强的"政治素养"。

小陶，你是没有什么退路的。对一个把什么都太当真的人来说，从来没什么退路可言；相反，对一个把什么都不当真的人来说，也没什么退路可言。于是，在如今的教育生态里，最佳的生存姿态就是在认真与不认真之间。越是在命运重新安排的时候，越不能忘记你的生活，你可以失去你热爱的工作，却不能失去生活。

如果没有生活，人就不成其为人。而人如果没有工作，只要他能找到生活，那么他还是人。人为什么要工作？这是为了让人的生活更为美好。而人为什么要生活？人要生活却不是为了工作。工作虽然很重要，可是工作至多只是生活的一个部分，即使在工作狂看来工作是生活最重要的一部分，却也只是一个部分而不是全部。这就是说当有人把工作看作是生活的全部，那么他非常人，而如果就此认为别人也应该像他那样藐视生活中的人或者漠视生活本身，那么他绝不是一个良善之人。

今天我如此严肃地与你谈这个问题，并非鼓励你不再投入工作，而是要你把去留问题放下，理直气壮地投入生活的怀抱，不要为岗位问题太费心思。为了生活，你应该舍得。要舍得工资被减少，如果不至于因为休假而贫困潦倒的话；要舍得被你的领导误解，误解你工作不努力水平不高，该休息时就得休息，对一个愿意如此勤勉地投身于工作的人来说，休息是如此的美好；要舍得放下你做到一半的工作，放下永远做不完的剩下的那另一半，该离开时就离开吧。

你要经常问自己还有生活吗？当你一旦停下工作去休假时，你会忽然感觉大脑一片空白，不知道该怎么打发日子了吗？那就说明长期以来你一直在抛弃生活而生活也开始抛弃你了。写到这里，我忽然想起自己的生活，差不多也全部交给了我的工作，交给了那永远也干不完的那一半工作。

看，阳光如此耀眼，出去走走吧，忘记去与留的问题。

你的老师　郑杰

尾声：真实的小陶的两封来信

第一封信

郑老师：

您好！

我觉得称呼您为郑老师比称呼您为郑校长更为亲切，更何况，我是有拜师证人的。尽管您可能很为难，我依然冒昧地称您为老师。

实在很抱歉，自非正式拜您为师至今已多日，现在才提笔给您写点儿"思想汇报"，自己感觉都有点儿不像话了，请原谅！

这几天除日常工作以外，我还抽出大量时间阅读了您的文集，从中学到了很多东西，您深邃的思想、独到的见解，深深地震撼着我，尽管我不从事学校的管理工作，但其中蕴涵的道理都是相通的。另外，您的勤奋、笔耕不辍的精神也深深地感动着我，值得我学习。我真心以拜您为师为荣！

一直以来，在工作中最为纠结，也最后悔的一件事就是当上了教务副主任，尽管是副职，分担的工作却不少。更重要的是语文教学的工作量仍是满的，仍要负责两个班的语文教学工作。说实话，我喜欢语文教学工作，喜欢与孩子们在一起的感觉，所以忙点儿累点儿仍觉得很快乐。但对于事务性的教务管理，说句实话，真是不喜欢，因为不喜欢，所以感觉特别累。更重要的是，我觉得整天忙于俗务的我渐渐丢掉了自己，连思考的时间都被占用了，这是最为痛苦的！

彷徨之中，我看到了您的文集，看到了您写给"小陶"的信，读了好多遍，想了很久，心慢慢沉静下来，我有点儿豁然开朗的感觉，原来一切痛苦均源于自己，源于自己的心态。正如您文中所说的："我并不认为你当干部对你来说有其他方面的太大的意义，你不会比别人拿更多的钱，反而要牺牲不少时间，你还要忍受不少的委屈和苦楚，可是，你将获得成长，这值得你骄傲一生。当了干部后，你的视野会更开阔，对世界和对人的认识也会更深刻，你会结识更多的人，会有更多的机会与高手过招。为了更胜任这份工作，并获得大家的认可，你会不由自主地去钻研，你会不断地从错误或过失中获得启发。"这些对我触动很大，是啊，如果这样去想，也许问题就简单得多，我也就会快乐得多。

真心谢谢您——郑老师，您的话语解开了我很久以来的心结。

借这次拜师的名义，得以向您学习，真是倍感荣幸。在这里，向您致以最崇高的敬礼！还望您多指导，多帮助，多提供学习的机会！以后在工作中遇到什么问题还会再向您请教的，谢谢您！

听说您喜欢熬夜，千万多注意身体！真诚祝愿您身体健康，事事如意！

济南市历城第六中学
陶丽华敬上
2011.12.1

第二封信

尊敬的郑老师：

您好！

近日学习了很多您对于"小陶"的问题的解答，心中的敬佩之情又增添了许多，为您的善解人意，为您的足智多谋，更为您的独特见解。

您对问题的解答总是那么认真，分析条理清晰，在娓娓道来中渗透着您对"朋友"工作的关心和支持,您对中层干部群体的体察让我很感动。

自从当上所谓的中层干部,压力便随之而来。我是个凡事都讲究认真的人,什么事要么不做,做就要尽力做好。在教务部门任职,个人教学更不能掉以轻心,否则就说不过去,所以时常就会有不能分身的痛苦。长期以来,凭借个人的勤奋和努力,教学成绩倒也令人满意,但付出自然也会比别人多一些。但我想:只有个人的教学成绩优异了才有资格去指导、评价他人,您说呢?

今年上半年刚带完初三,这学期又接手了初一两个班的语文教学工作,于是就有了比带任何一届都"痛苦"的经历:学生的基础相对比较差,学习习惯、自学能力也不尽如人意。从接手的第一天开始我就下定决心要努力去改变他们,但无奈之处在于课堂教学之外的时间几乎全被应付性的杂务占据,与学生辅导交流的时间几乎没有。我不想误人子弟,也不能拒绝学校里的其他事。于是,"两难"的煎熬也在持续,有时还会对家人乱发脾气,我知道这样不好,但控制不住……

我觉得自己还很年轻,还想多读读书,最为期盼的就是能像您一样潇洒地做自己喜欢做的事。当然,我深知:在您潇洒的背后肯定也付出了超乎常人的努力,肯定也付出了很多……

您的平易近人让我很愿意与您交流,以此来缓解一下紧张的情绪和工作的压力,希望我没有耽误您宝贵的时间!

祝您身体健康,开心快乐!

您的学生:陶丽华敬上
2011.12.20